RUMOR
DE ANJOS

Dados Internacionais de Catalogação na Publicação (CIP)
(Câmara Brasileira do Livro, SP, Brasil)

Berger, Peter Ludwig
  Rumor de anjos : a sociedade moderna e a redescoberta do sobrenatural / Peter L. Berger ; tradução Waldemar Boff, Jaime Clasen. 2. ed. Petrópolis, RJ : Vozes, 2018.
  Título original: A rumor of angels : modern society and the discovery of the supernatural.

  1ª reimpressão, 2018.

  ISBN 978-85-326-1648-7
  1. Experiência (Religião) 2. Religião e sociologia
  3. O sagrado 4. Sobrenatural (Teologia) I. Título.

95-5064   CDD-200.1

Índices para catálogo sistemático:
1. Sobrenatural e sociedade moderna : Religião : Filosofia
200.1

PETER L. BERGER

RUMOR DE ANJOS

A SOCIEDADE MODERNA E A REDESCOBERTA DO SOBRENATURAL

Tradução de Waldemar Boff e Jaime Clasen

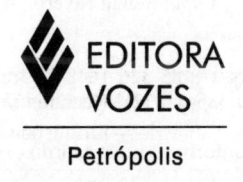

EDITORA VOZES

Petrópolis

© 1969, 1990, Peter L. Berger.

Esta tradução é publicada mediante autorização da
Vintage Anchor Publishing, um selo do Grupo Knopf Doubleday, uma divisão
de Penguin Random House LLC.

Título original em inglês: *A Rumor of Angels: Modern Society and
The Rediscovery of the Supernatural*.

Direitos de publicação em língua portuguesa – Brasil:
1973, 2018, Editora Vozes Ltda.
Rua Frei Luís, 100
25689-900 Petrópolis, RJ
www.vozes.com.br
Brasil

Todos os direitos reservados. Nenhuma parte desta obra poderá ser reproduzida ou transmitida por qualquer forma e/ou quaisquer meios (eletrônico ou mecânico, incluindo fotocópia e gravação) ou arquivada em qualquer sistema ou banco de dados sem permissão escrita da editora.

CONSELHO EDITORIAL

Diretor
Gilberto Gonçalves Garcia

Editores
Aline dos Santos Carneiro
Edrian Josué Pasini
Marilac Loraine Oleniki
Welder Lancieri Marchini

Conselheiros
Francisco Morás
Ludovico Garmus
Teobaldo Heidemann
Volney J. Berkenbrock

Secretário executivo
João Batista Kreuch

Editoração: Fernando Sergio Olivetti da Rocha
Diagramação: Sheilandre Desenv. Gráfico
Revisão gráfica: Nilton Braz da Rocha
Capa: Renan Rivero

ISBN 978-85-326-1648-7 (Brasil)
ISBN 0-385-41592-3 (Estados Unidos)

Editado conforme o novo acordo ortográfico.

Este livro foi composto e impresso pela Editora Vozes Ltda.

Em memória de
Frederick Neumann 1899-1967.

Sumário

Introdução à edição de 1990, 9

Prefácio, 15

1 A suposta morte do sobrenatural, 19

2 A perspectiva da sociologia: relativizar os relativizadores, 56

3 Possibilidades teológicas: começar com o homem, 83

4 Possibilidades teológicas: confrontar as tradições, 120

5 Uma visão luterana do elefante, 144

6 Um funeral em Calcutá, 158

7 Da secularidade às religiões mundiais, 169

8 Juízo moral e ação política, 180

9 Liberdade religiosa – *Sub specie ludi*, 207

Observações finais – Rumor de anjos, 220

Introdução à edição de 1990

Faz mais de vinte anos que escrevi *Rumor de anjos*. O que se há de dizer depois de todo este tempo? Olhando de novo para as coisas que se escreveram faz tempo, é quase como encontrar a amada de tempos idos. Todo embaraçado, não se encontram as palavras; em silêncio a gente se diz: "Como pude?" Para mim é totalmente gratificante que este livro em especial não me colocou em tal apuro. Ele não me embaraça. O que é mais importante, há relativamente poucas passagens nele que eu retiraria ou reformularia seriamente. Portanto, a primeira observação que posso fazer aqui é, na terminologia dos antigos revisores de provas tipográficas, "fica" – "deixa estar". Não gostaria de ser acusado de estar insatisfeito. Há outros escritos meus, alguns mais recentes do que este, que me embaraçam muito, que eu gostaria de renovar ou ao menos alterar substancialmente. Mas não *Rumor de anjos*.

Neste livro, após repetir um certo número de proposições feitas em escritos anteriores acerca da religião no mundo moderno, procurei elaborar dois pontos. Primeiro, quis mostrar como o instrumental intelectual das ciências sociais, que contribuíram muito para a perda de credibilidade da religião, poderiam ser voltadas para as próprias ideias que tinham desacreditado as visões sobrenaturais do mundo e para as pessoas que propagaram estas ideias. A este projeto chamei "relativizar os relativizadores".

Segundo, quis fazer um esboço muito geral de uma abordagem da teologização que começou com uma experiência humana comum, mais especificamente com elementos dessa experiência que aponta para uma realidade além da ordinária. Chamei esta abordagem de "indutiva" e indiquei alguns complexos experimentais que poderiam ser considerados "sinais de transcendência". Sugeri que aqui se deveria encontrar a base de um programa teológico com raízes no que os europeus chamam de antropologia filosófica e na tradição mais ampla do protestantismo liberal que se estende até Schleiermacher. De modo diferente das expressões da tradição do protestantismo liberal, porém, tal programa não secularizaria as definições religiosas da realidade; pelo contrário, transcenderia, por assim dizer, a secularidade. Deixei enfaticamente claro que eu não estava em condições de levar este programa teológico além do esboço preliminar, convidando os censores a provarem o que dissessem ou se calarem (alguns críticos aceitaram o convite).

Hoje eu reafirmaria ambos os pontos. Poderia ampliar muito mais o primeiro; o segundo, porém, mesmo agora eu não poderia desenvolvê-lo mais. Tenho uma desculpa para esta discrepância. Mostrando como a perspectiva sociocientífica pode, por assim dizer, voltar-se para si mesma, eu estava simplesmente exercendo minha profissão. Afinal, sou sociólogo diplomado e credenciado. O segundo ponto (disse-o de modo bem claro na época) é teológico; a sociologia é pouco importante para ele, e eu não tenho credenciais de teólogo. Contrariamente ao adágio latino, tanto a vida como a arte são breves; na maioria das vezes só se consegue praticar uma única arte durante a vida.

Exatamente no tempo em que escrevia *Rumor de anjos*, devido a uma série de acidentes biográficos, interessei-me por questões do Terceiro Mundo relativas a desenvolvimento e modernização. Desde então estas questões permaneceram no centro de meu trabalho de sociólogo. Muitas dessas questões têm pouco ou nada a ver com religião; a maioria delas tem importância prática e realmente política. No entanto, de um modo muito geral, toda a minha obra nesta área serviu ao projeto de "relativizar os relativizadores". Quanto mais a gente se conscientiza sobre a imensa variedade do pensamento e da ação humanos neste mundo, mais se colocam em proporção as peculiares ideias e instituições que colocamos sob o título "Modernidade". Estou convicto de que hoje em dia a Sociologia deve ser uma disciplina transcultural e transnacional, não por causa de algum propósito moral de compreensão e tolerância que abrangem tudo, mas porque não é mais possível entender uma sociedade sem entendê-la em comparação com outras. Este tipo de sociologia, porém, de fato se torna uma crítica geral da Modernidade. Ela revela a ingenuidade do paroquialismo desses "desprezadores cultivados da religião" ocidentais que têm sido os interlocutores (reais ou imaginários) de tanta teologia cristã recente. Portanto, se eu quisesse, poderia hoje descrever de maneira mais completa exatamente quão relativa (e *ipso facto* vulnerável à "situação" sociológica) é a visão do mundo da secularidade moderna. Isto seria uma amplificação do argumento em *Rumor de anjos*; não o alteraria substancialmente.

O outro ponto, a sugestão de uma abordagem da teologia antropologicamente fundamentada, só consegui perseguir esporadicamente no intervalo. Em 1975, junto com Richard Neuhaus, ajudei a convocar o grupo que resultou no chamado Hartford Appeal for Theological Affirmation. O cerne da declaração era uma insistência de que a fé cristã se refere a um programa transcendente e não a esta ou àquela agenda secular. Surgiu numa época em que forças muito poderosas no protestantismo dominante e crescentes na Igreja Católica Romana empurravam exatamente para a direção oposta. Depois de chamar muito a atenção, na maioria das vezes negativamente, o Hartford Appeal foi mais ou menos esquecido.

Em 1979 foi publicado outro livro meu, O *imperativo herético*, no qual tentei levar adiante o programa teológico proposto em *Rumor*. Agora questionaria se tive êxito nisso e o livro, talvez merecidamente, não recebeu muita atenção. Fiz algumas coisas para minha própria satisfação, se não para a satisfação de meus críticos: expliquei de maneira mais completa por que continuaria a usar o termo "sobrenatural" tão malfalado; propus uma abordagem indutiva à teologia num contexto mais amplo de opções teológicas disponíveis; e, como ímpeto final do livro, argumentei que um novo impulso para a teologia cristã poderia vir de seu encontro com as grandes tradições religiosas da Ásia. O último argumento era um resultado natural de minhas andanças sociológicas pelo mundo; agora, dez anos depois de mais andanças, estou menos convicto. De qualquer modo, mais ou menos na mesma época ajudei a reunir um grupo de pessoas muito competentes e interessadas em novos modos de entrar em diálogo inter-religioso. Os primeiros documentos produzidos pelo grupo (que durou uns dois anos) foram publicados sob o título *O outro lado de Deus*. Temo que também aqui seja muito esquemático, delineamento de um programa intelectual que não fui capaz de realizar.

Martin Marti, ao resenhar *Rumor de anjos* em sua publicação original, emitiu a opinião que aqui "pode estar a primeira prancha de uma plataforma para os anos de 1970". Ele não podia estar mais errado. Não apenas a década de 1970, mas também a de 1980, viu os teólogos cristãos se moverem como um todo na direção diametralmente oposta. A política, não a transcendência, foi declarada como a verdadeira preocupação dos cristãos e, *ipso facto*, da teologia cristã. Longe de tentar discernir os "sinais de transcendência" na realidade humana comum, os teólogos estavam expondo os sinais de interesses seculares nos referentes tradicionalmente transcendentes da religião, e as tradições religiosas foram reinterpretadas de modo a legitimar esta ou aquela finalidade secular – socialismo, feminismo, consciência negra, meio ambiente ou o que se quiser. Ainda não vejo sinais de que esta onda de ideias secularizantes exauriu-se. Pelo contrário, muitas ideias destas institucionalizaram-se firmemente nas burocracias eclesiais e em organismos intelectuais a ponto de até as menores dissensões destas ortodoxias políticas se encontrarem com rugidos de desprezo e ódio. Diria que, apesar da calma externamente crescente, o cenário teológico hoje está muito mais sombrio do que há vinte anos. Talvez as sugestões feitas em *Rumor de anjos* contribua para uma plataforma teológica nos anos de 1990. Tendo em vista o atual ambiente teológico, não estou com minha respiração presa.

Esta edição do livro contém um certo número de ensaios escritos após a publicação original, todos ligados a um ou outro tema em *Rumor*. "Uma visão luterana do elefante", que originalmente foi uma conferência a uma reunião de (naturalmente) pessoas de igreja luteranas, prolonga a proposição que o cômico é um dos mais fundamentais "sinais de transcendência" na experiência humana. "Um funeral em Calcutá" e "Da secularidade às religiões mundiais", o primeiro escrito depois de minha primeira visita à Índia, preocupam-se com o encontro entre fé cristã e religiões da Ásia.

Os últimos dois ensaios impressos aqui são recentíssimos. "Juízo moral e ação política" é uma polêmica contra a noção difundida de que um senso de pureza moral, de preferência a uma avaliação das consequências políticas, deveria animar o envolvimento em política. E o ensaio "Liberdade religiosa" deixa mais uma vez claro que a vida humana, mesmo em seus aspectos mais seculares, é enriquecida pelas janelas que a religião deve manter abertas à transcendência. Colocando de modo diferente, manter vivo o rumor de anjos é contribuir para a humanização de nosso tempo.

P.L.B.
Boston, 1990.

Prefácio

Este livro trata da possibilidade do pensar teológico em nossa situação atual. Ele pergunta se tal pensar é de alguma forma possível hoje em dia e, se for, de que maneira. A primeira pergunta é respondida afirmativamente, e a resposta se apoia até certo ponto num argumento que deriva da sociologia. Nas próprias abordagens feitas à guisa de ensaio para responder à segunda pergunta, a sociologia é de pouca valia, se é que tem alguma. Deveria, portanto, ficar bem claro que eu não posso reclamar nenhuma autoridade como sociólogo para uma porção de coisas que se dirão a seguir. Isto quer dizer que estou me expondo da maneira mais espalhafatosa, exigindo que explique os motivos.

Em meu livro *The Sacred Canopy* – Elements of a Sociological Theory of Religion. Garden City, NY: Doubleday, 1967 [*O dossel sagrado*. São Paulo: Paulinas], tentei resumir o que me parece constituir certos traços essenciais de uma perspectiva sociológica da religião e aplicar esta perspectiva a uma análise da situação religiosa contemporânea. Fui treinado na tradição sociológica moldada por Max Weber e assim procurei, o melhor que pude, manter minhas afirmações "livres de juízos de valor". O resultado foi um trabalho teórico que, sem considerar a linguagem técnica em que teve de ser apresentado, soava como um tratado sobre o ateísmo, pelo menos em partes. A análise da situação contemporânea com que o livro termina poderia ser interpretada (e, contra as minhas intenções, mal-interpretada) como um conselho de desespero na busca de uma religião no mundo moderno. Feliz ou infelizmente, minha autocompreensão não se exaure pelo fato de ser eu um sociólogo. Também me considero um cristão, embora não tenha ainda encontrado heresia alguma em que meus pontos de vista teológicos se enquadrassem perfeitamente. Tudo isto me deixou numa situação inquietante quanto aos possíveis efeitos que o livro *O dossel sagrado* poderia exercer sobre o leitor menos avisado e, então, acrescentei um apêndice que versava sobre algumas possíveis implicações teológicas do argumento do livro. Esta saída não me satisfez, e o presente livro é o resultado desta insatisfação.

Nos capítulos que seguem tento dizer o que tenho a dizer, da maneira mais simples possível, sem obrigar o leitor a passar primeiro pelo aparato conceitual e terminológico com o qual habitualmente trato meus assuntos como sociólogo. Achei uns poucos termos técnicos indispensáveis, mas tentei mantê-los no menor número possível. Este livro, pois, não se dirige especialmente a sociólogos e não pressupõe os discutíveis benefícios de uma educação sociológica. Dirige-se a qualquer um que se preocupa com questões religiosas e que mostra boa vontade em pensar sobre elas sistematicamente. Espero que ele tenha algo a dizer aos teólogos, embora esteja eu perfeitamente consciente de minha falta de conhecimento especializado em teologia. Dado o caráter não técnico (sou tentado a dizer não profissional) do livro, mantive também as notas no menor número possível e limitei-as quase que exclusivamente a referências em inglês. Tais referências, relativamente frequentes a escritos anteriores de minha autoria, de modo algum devem ser interpretadas como convicção da minha parte de que tais obras são deveras importantes, ou como aviso ao leitor para voltar a elas. Mas todo processo do pensar deve ser uma conversa comigo mesmo, e em particular com seus próprios pensamentos anteriores; a gente não pode em cada ponto começar tudo de novo, desde o início. Não ser obrigado a fazer isto, seria talvez um dos benefícios colaterais de ter escrito mais que um livro.

Acho que a gente se arrisca quando chega a assuntos que julga importantes. Penso que a religião é de grandíssima importância em qualquer época e de importância particular em nossa própria época. Se teologizar significa simplesmente qualquer reflexão sistemática sobre religião, então parecia plausível considerá-la como importante demais para deixá-la somente aos peritos em teologia. Consequentemente, a gente tem de se aventurar. Isto implica audácia e em modéstia. O tentar simplesmente pode muito bem significar audácia. Isto deveria mostrar claramente que o esforço é de tentativa e que o resultado será incompleto.

Algumas das ideias que seguem foram longamente discutidas com Richard Neuhaus. Gostaria de expressar meu profundo agradecimento pelo seu interesse e pelas sugestões que me deu nestas ocasiões.

Dediquei este livro ao meu primeiro professor de Teologia. Sei que ele não teria gostado de muitas das minhas conclusões, mas ouso esperar que teria aprovado a intenção básica destas páginas.

P.L.B.
Nova York, outono de 1968.

1 A suposta morte do sobrenatural

Se há uma coisa em que os comentaristas da situação contemporânea da religião concordam é o afastamento do sobrenatural do mundo moderno. Este afastamento pode vir expresso em formulações dramáticas, como "Deus está morto" ou a "era pós-cristã". Ou pode ainda ser visto com menos dramaticidade como uma tendência global e provavelmente irreversível. Assim, o "teólogo radical" Thomas Altizer nos diz com a solenidade de um pronunciamento de fé que "devemos nos dar conta de que a morte de Deus é um evento histórico, de que Deus morreu em nosso cosmos, em nossa história, em nossa *Existenz*"[1]. E Herman Kahn e Anthony Wiener, do Instituto de Hudson, em sua fascinante tentativa de projetar os últimos 30 anos do século passado, conseguem fazê-lo com apenas mínima menção à religião e na pressuposição de que as culturas daquele século continuarão a ser cada vez mais "sensatas" – um termo cunhado ultimamente pelo sociólogo da Universidade de Harvard, Pitirim Sorokin, e definido por Kahn e Wiener como "empíricas, deste mundo, seculares, humanísticas, pragmáticas, utilitárias, contratuais, epicuristas ou hedonísticas e coisas semelhantes"[2].

---

1. ALTIZER, T.J.J. & HAMILTON, W. *Radical Theology and the Death of God*. Indianápolis: Bobbs-Merrill, 1966, p. 11.
2. KAHN, H. & WIENER, A.J. *The Year 2000* – A Framework for Speculation on the Next Thirty-three Years. Nova York: Macmillan, 1967, p. 7, quadro I.

A evasão do sobrenatural foi recebida com as mais variadas disposições de espírito – com ira profética, em profundo pesar, com alegre triunfo, ou simplesmente como um fato incapaz de provocar qualquer emoção. Mas o porta-voz da religião tradicional que troveja contra uma era sem Deus, o intelectual "progressista" que saúda sua vinda e o analista frio, que simplesmente o registra, têm em comum uma coisa: o reconhecimento de que esta é realmente a nossa situação – uma era em que o divino, pelo menos em suas formas clássicas, se retraiu para o fundo da preocupação e consciência humanas.

O termo "sobrenatural" foi com razão criticado em vários campos. Os historiadores da religião e os antropólogos culturais ressaltaram que o termo sugere a divisão da realidade num sistema fechado da "natureza" racionalmente compreensível e num mundo misterioso, de alguma forma além dela, uma concepção caracteristicamente moderna, que é desorientadora se procurar compreender as noções religiosas de culturas primitivas ou arcaicas. Os exegetas criticaram o termo como incapaz de exprimir a concretez e o caráter histórico da experiência religiosa de Israel, e os teólogos cristãos atacaram-no como ofensivo às implicações de afirmação do mundo, resultantes da doutrina da encarnação, se não, na verdade, da doutrina da criação. No entanto, o termo, particularmente no seu uso quotidiano, denota uma categoria fundamental da religião, sobretudo a afirmação ou a crença de que há *uma outra realidade*, e de significação última para o homem, que transcende a realidade dentro da qual se desenrola nossa experiência diária. É este pressuposto fundamental a respeito da realidade, antes que esta ou aquela variante histórica dele, que está supostamente morto ou em processo de desaparecimento do mundo moderno.

O historiador da religião Rudolf Otto, em *A ideia do sagrado* (originalmente publicado em alemão em 1917), tentou o que pode ser considerado como uma descrição definitiva deste "algo completamente outro" da experiência religiosa. Otto enfatizou que o sagrado (i. é, a realidade que o homem crê encontrar na experiência religiosa) é "totalmente diferente" dos fenômenos humanos ordinários, e neste "algo completamente outro" o sagrado impressiona o homem como um poder esmagador, terrível e estranhamente fascinante.

Como se poderia esperar, houve desde então grande controvérsia em relação à validade do delineamento de Otto do sagrado como categoria religiosa por excelência em todas as culturas. Entretanto, estes debates acadêmicos podem ser deixados de lado. Em vez disto, vamos olhar para nosso mundo ordinário, que alguns filósofos chamam de *Lebenszwelt*, ou "o mundo da vida", dentro do qual realizamos nossas atividades "normais" junto com outros homens. Esta é a arena da maioria de nossos projetos na vida, cuja realidade é a mais forte e, consequentemente, a mais "natural" em nossa consciência. Nas palavras do filósofo social Alfred Schütz, este é "o mundo da vida diária que o homem maduro e bem desperto, que age nele e sobre ele em meio a seus semelhantes, experimenta, em atitude natural, como realidade"[3]. É sobre este domínio da experiência dada, "natural" (*não* necessariamente sobre a "natureza" no sentido, digamos, dos racionalistas do século XVIII) que a religião coloca uma realidade "sobrenatural".

Como ressaltaram os antropólogos culturais, a vida diária do homem primitivo era, como a nossa, dominada por imperativos empíricos, pragmáticos, utilitários, engrenados a "este

---

3. SCHÜTZ, A. *Collected Papers*. Vol. I. The Hague: Nijhoff, 1962, p. 208.

mundo"; dificilmente poderia ele ter resolvido seus problemas básicos de sobrevivência se não tivesse sido assim. Isto era ainda mais verdadeiro em relação à vida quotidiana das grandes civilizações antigas. A preocupação com a consciência "natural" não é de maneira peculiar à época moderna. Uma vez alguém observou que a maioria dos filósofos anglo-americanos de hoje têm a mesma concepção da realidade como a de um negociante de meia-idade, um pouco sonolento, logo após o almoço. Provavelmente, os guerreiros tribais de meia-idade, um pouco sonolentos, e os antigos gregos sustentaram concepções muito semelhantes a estas, logo após *seu* almoço. Mas os homens primitivos e antigos também aceitavam a ideia de um outro mundo sobrenatural de seres e forças divinos como o pano de fundo do mundo ordinário e admitiam que "o outro mundo" influenciava a este de várias maneiras. Isto, pelo menos em parte, sugere por que nós hoje abraçamos o que consideramos ser a "racionalidade" (ou "naturalismo") da moderna ciência e filosofia; e que desejaríamos admitir que a consciência "natural" é a única possível e desejável – um ponto que será retomado posteriormente.

Há um conto de fadas alemão sobre um jovem aprendiz que se perturba pelo fato de nunca ter sido capaz de experimentar a horribilidade e, de propósito, sujeita-se a toda sorte de situações tidas como evocadoras de tais sentimentos. A aventura espiritual do homem moderno parece ter sido motivada pelo propósito oposto, o de desaprender qualquer terror metafísico concebível. Se a ideia da morte do sobrenatural for correta, então o esforço de desaprendizagem obteve realmente êxito. Quanta evidência há na sustentação desta ideia?

A resposta depende do que se poderia chamar a Teoria da Secularização da Cultura Moderna – usando a palavra secularização não no sentido do que aconteceu com as instituições sociais (como, p. ex., a separação de Igreja e Estado), mas como aplicação a processos dentro da mente humana, isto é, a secularização da *consciência*. Aqui a evidência empírica não é muito satisfatória. Considerando a importância da questão, poderia alguém esperar que observadores profissionais do cenário contemporâneo, especialmente sociólogos, investissem alguma energia numa tentativa de fornecer respostas. Mas nos últimos anos os sociólogos, com raríssimas exceções, mostraram pouquíssimo interesse, provavelmente porque juraram fidelidade a um "progressismo" científico que considera a religião como um resto desvanescente das eras obscuras da superstição, e não se preocupam em investir suas energias no estudo de um fenômeno agonizante. O grupo relativamente pequeno de sociólogos que pegaram a sociologia da religião como especialidade profissional também não ajudaram muito[4]. Eles não olharam para a religião como um fenômeno agonizante talvez só por razões de autorrespeito profissional, mas a consideraram quase que exclusivamente em termos das instituições religiosas tradicionais – isto é, a mais recente sociologia da religião tem sido uma sociologia das *igrejas*. E é a partir desta perspectiva um tanto restrita que grande parte de evidência sobre a secularização foi realmente acumulada. A maior quantidade de dados, a maioria dos quais se referem à Europa, provém da escola da assim chamada "sociologia religiosa", de inspiração largamente católica[5].

---

4. LUCKMANN, T. *The Invisible Religion* – The Problem of Religion in Modern Society. Nova York: Macmillan, 1967.

5. A maioria destes estudos não estão à disposição em inglês. Entretanto, cf. a revista em inglês deste grupo, *Social Compass*, publicada na Europa, bem como a revista católica americana *Sociological Analysis*. Cf. tb. o utilíssimo trabalho de referência: CARRIER, H. & PIN, E. (eds.). *Sociology of Christianity* – An International Bibliography. Roma: Editora da Universidade Gregoriana, 1964. Para o sabor desta abordagem, cf. as contribuições de F. Boulard, F.A. Isambert e Emile Pin em SCHNEIDER, L. (ed.). *Religion, Culture and Society*. Nova York: Wiley, 1964, p. 385s., 400s. e 411s.

Recentemente houve algumas tentativas interessantes, inteiramente distintas desta escola, para descobrir motivos de participação religiosa na América, utilizando-se de instrumentos de pesquisa mais sofisticados[6].

Baseado nesta evidência, pode alguém dizer com certa segurança que a religiosidade de *igreja* (i. é, a crença e a prática religiosas dentro das tradições das principais igrejas cristãs) tem estado em declínio na sociedade moderna. Na Europa tomou a forma de um declínio progressivo na participação institucional (frequência ao culto, uso dos sacramentos e coisas semelhantes), embora haja nisto importantes diferenças de classe. Na América, pelo contrário, houve um aumento de participação (calculada em cifras de filiação eclesiástica), embora haja boas razões para se pensar que os motivos de participação mudaram muito em relação aos motivos tradicionais. Pode-se seguramente dizer que, em comparação a períodos históricos anteriores, menor número de americanos aderem hoje a igrejas levados por um ardente desejo de salvação do pecado e do fogo do inferno, ao passo que muitos aderem levados pelo desejo de dar instrução moral a seus filhos e orientação para sua vida de família, ou simplesmente porque é parte do estilo de vida de sua vizinhança particular. A diferença entre os padrões americanos e europeus foi com propriedade caracterizada pelo sociólogo Thomas Luckmann como sendo, respectivamente, "secularização de fora" e "secularização de dentro". Em ambos os casos, há

---

6. Cf. CLOCK, C. & STARK, R. *Religion and Society in Tension.* Chicago: Rand McNally, 1965. • DEMERATH, N.J. *Social Class in American Protestantism.* Chicago: Rand McNally, 1965. • CLOCK, C.; RINGER, B. & BABBIE, E. *To Comfort and to Challenge* – A Dilemma of the Contemporary Church. Berkeley: Editora da Universidade da Califórnia, 1967. O mais importante estudo sociológico recente da religião americana ainda é LENSKI, G. *The Religious Factor.* Garden City, NY: Doubleday, 1961.

uma forte evidência de que as crenças religiosas tradicionais se tornaram vazias de sentido, não somente em vastos setores da população em geral, mas mesmo entre muita gente que continua, seja por qual motivo for, a pertencer a uma igreja. Tudo isto, naturalmente, deixa em aberto a pergunta se não poderia haver forças genuinamente religiosas fora do tradicional quadro de referência cristão ou eclesiástico. Ademais, desde que os sociólogos e seus semelhantes começaram a andar por aí, o que não faz muito tempo, não está bem claro em que extensão suas descobertas podem ser rigorosamente comparadas com a situação em períodos anteriores, para os quais se acham disponíveis dados diferentes e só comparáveis de maneira imperfeita. Os sociólogos, equipados com todos os mais recentes "macetes" de seu ramo, podem nos dizer com certa precisão por que o povo se filia a igrejas na América nos anos de 1960; para comparar seus dados com a situação dos anos de 1860 temos de nos estribar no que eles chamariam de dados muito mais fracos.

Da mesma forma, a afirmação da morte do sobrenatural, ou ao menos de seu considerável declínio no mundo moderno, é plausível em termos de evidência até aqui disponível. Espera-se que se produza evidência ainda mais copiosa e mais precisa e que haja neste trabalho maior colaboração entre cientistas sociais e historiadores. Mas, mesmo agora, temos uma fundamentação empírica tão boa para a afirmação quanto para a maioria das generalizações sobre o mundo. Qualquer que possa ter sido a situação no passado, *hoje*, nas sociedades modernas, o sobrenatural, como realidade cheia de sentido, está ausente ou distante dos horizontes da vida cotidiana de grande número de pessoas, muito provavelmente da maioria, que parece dar um jeito de viver bastante bem sem ele. Isto significa que aqueles, para quem o sobrenatural é ainda, ou de novo, uma realidade cheia de sentido, encontram-se numa situação de minoria, mais precisamente de uma *minoria cognitiva* – uma consequência muito importante, com implicações que vão muito longe.

Por minoria cognitiva entendo um grupo de pessoas cuja visão do mundo difere significativamente da visão generalizada em sua sociedade e simplesmente aceita como tal. Dito de outra forma, minoria cognitiva é um grupo formado ao redor de um corpo de "conhecimentos" divergentes dos da maioria. As aspas deveriam ser acentuadas neste caso. O termo "conhecimento", usado dentro do quadro de referência da sociologia do conhecimento, sempre se refere àquilo que é *aceito* ou *crido* como "conhecimento". Em outras palavras, o uso dos termos é estritamente neutro na questão de ser ou não, em última análise, verdadeiro ou falso, o "conhecimento" socialmente aceito. Todas as sociedades humanas têm sua base no "conhecimento" com este sentido. A sociologia do conhecimento procura compreender as diferentes formas deste fato. É claro, as mesmas aspas aplicam-se ao uso que faço do adjetivo "cognitivo". Em vez de dizer que as sociedades têm corpos de conhecimentos, podemos dizer que têm estruturas cognitivas. Uma vez mais, isto não implica de maneira alguma julgamento da validade final destas "cognições". Dever-se-á ter isto em mente sempre que o adjetivo for usado na argumentação que segue. Posto de maneira mais simples: o sociólogo, enquanto sociólogo, permanece sempre em seu papel de repórter. Ele reporta que as pessoas acreditam "conhecer" isto ou aquilo e que esta crença tem esta ou aquela consequência. No que ele aventurar uma opinião de ter esta crença, em última análise, uma justificação, estará ele extrapolando seu papel de sociólogo. Não há nada de errado nesta troca de papéis, e eu pretendo fazê-lo pessoalmente mais adiante. Mas deve-se saber claramente o que se está fazendo e quando.

Afortunada ou desafortunadamente, os homens são seres sociais. Sua "socialidade" inclui o que eles pensam, ou acreditam "saber" sobre o mundo[7]. A maior parte das coisas que "conhecemos" foram assumidas com base na autoridade de outros, e é só na medida em que os outros continuam a confirmar este "conhecimento" que ele continua a ser plausível para nós. E é um tal "conhecimento" socialmente partilhado, socialmente aceito como tal, que permite nos movermos com certa confiança em nossa vida diária. Ao contrário, a plausibilidade do "conhecimento" que não é socialmente partilhado, que é desafiado por nossos companheiros, está em perigo, não só em nossas relações com outros, mas sobretudo em nossa própria mente. A situação de uma minoria cognitiva é sempre uma situação inconfortável – não necessariamente por ser a maioria repressiva ou intolerante, mas simplesmente porque ela se recusa a aceitar as definições da realidade dadas pela minoria *como* se fossem "conhecimento". Na melhor das hipóteses, um ponto de vista da minoria é forçado a ser defensivo. Na pior das hipóteses, deixa de ser plausível a qualquer um.

Estudos altamente intrigantes, que seria impraticável revê-los aqui, foram feitos sobre esta dimensão social de nossa vida cognitiva[8]. Um exemplo poderia ilustrar sua importância. Uma pessoa, vinda à América, proveniente de uma cultura, onde é parte do "conhecimento" geral de que as estrelas influenciam os acontecimentos humanos, descobrirá muito cedo, se ele manifestar tal "conhecimento" nos Estados Unidos, o que significa

---

7. Para uma apresentação sistemática disto, em termos da sociologia do conhecimento, cf. BERGER, P. & LUCKMANN, T. *A construção social da realidade*. 12. ed. Petrópolis: Vozes, 1995.
8. Cf. ibid., p. 135s. Sobre os processos sociopsicológicos envolvidos nisto, cf. ASCH, S. *Social Psychology*. Nova York: Prentice-Hall, 1952, p. 387s.

pertencer a uma minoria cognitiva. Ele será ouvido com surpresa chocante ou deleite tolerante. Poder-se-ão fazer tentativas de "educá-lo" ou ele poderá ser encorajado a expor suas exóticas ideias e assim desempenhar o papel de um espécime etnológico. Se não puder isolar-se contra este desafio coletivo à sua realidade, antes simplesmente aceita (o que pressuporia a possibilidade de um grupo de astrólogos amigos, junto a quem se pudesse refugiar), começará em breve a duvidar de seu "conhecimento" ameaçado. Há várias maneiras de lidar com a dúvida. Nosso exilado cognitivo poderia decidir-se por manter suas verdades para si mesmo – consequentemente privando-as de todo sustentáculo social – ou poderia tentar conquistar adeptos; ou poderia, ainda, procurar alguma forma de compromisso, talvez arquitetando razões "científicas" para justificar a validade de seu saber astrológico, consequentemente contaminando sua realidade com os pressupostos cognitivos das pessoas que o desafiam. Cada um tem maior ou menor habilidade em resistir à pressão social. Entretanto, o desfecho que se pode prever desta luta desigual é a desintegração progressiva da plausibilidade do "conhecimento" ameaçado, na consciência de quem o sustenta. O exemplo poderá parecer um tanto exagerado – afinal de contas, presume-se que tanto o escritor quanto os leitores deste livro "sabem" que a astrologia é uma porção de tolices.

Para tornar esse ponto mais claro, o exemplo poderia ser invertido. Um americano, que após um naufrágio se encontra numa cultura astrológica, verá sua "visão científica" do mundo cambalear sob exatamente os mesmos ataques sociais que solapam a astrologia na América, e o resultado é da mesma forma previsível. É o que acontece com antropólogos culturais em trabalhos de campo. Eles chamam a isso de "choque de cultura" e veem-se nele por meio de vários rituais de distanciamento (é esta a função psicológica latente dos procedimentos de campo), ficando em companhia, ou ao menos em contato, com seus amigos de fora da cultura que está sendo estudada, e o melhor de todos os rituais, indo para casa, afastando-se do campo de trabalho, após um período de tempo relativamente curto. O castigo pelo fracasso nesses esforços de ficar fora da situação é "virar nativo". Seguramente, os antropólogos culturais gostam de fazer isso comportamentalmente ("observação participante") e mesmo emocionalmente ("empatia"). Se, porém, eles "virarem nativos" *cognitivamente*, não mais estarão em condições de fazerem antropologia cultural. Eles cairão fora do universo do raciocínio metódico dentro do qual tal empreendimento tem sentido, ou, até, é real.

Até aqui, pois, amplificamos de duas maneiras a afirmação concernente à morte do sobrenatural no mundo moderno: admitimos a viabilidade empírica da afirmação e sugerimos que os sobrenaturalistas, como os que ainda andam por aí, verão suas crenças golpeadas por fortes pressões sociais *e* psicológicas. Portanto, não há nada a estranhar se existe hoje uma profunda crise teológica. O teólogo, como qualquer outro ser humano, existe num meio social. Também ele é o produto de processos de socialização. Seu "conhecimento" foi adquirido socialmente, precisa de amparo social e é consequentemente vulnerável às pressões sociais. Se o termo "sobrenatural" for entendido no sentido acima mencionado, deve-se ainda observar que, pelo menos tradicionalmente, seu caráter de significação foi condição necessária do pensar teológico. Segue-se que numa situação onde se fala de uma morte do sobrenatural, e *onde o próprio teólogo assim o faz* ao descrever a nossa situação, o pensar teológico defronta-se com dificuldades verdadeiramente enormes. O teólogo mais e mais se assemelha a um feiticeiro que, após o naufrágio, aportou a uma terra de positivistas lógicos – ou, naturalmente, um positivista lógico que aportou a uma terra de feiticeiros. Quer queira quer não, ele está exposto aos exorcismos de seus antagonistas cognitivos. Mais cedo ou mais tarde estes exorcismos agirão em sua própria mente minando as velhas certezas.

Raramente as crises históricas se consumam num só momento dramático. Elas estão contidas em processos que se estendem por períodos variados do tempo, processos estes que são experienciados de maneira diferente por aqueles que sofrem sua ação. E como nos diz Nietzsche em sua famosa passagem sobre a "morte de Deus": "Este tremendo acontecimento está ainda se desenrolando... ainda não atingiu os ouvidos do homem. O relâmpago e o trovão exigem tempo, a luz das estrelas exige tempo, as ações exigem tempo, mesmo após terem sido feitas; todas estas coisas exigem tempo antes que possam ser vistas ou ouvidas"[9]. Seria portanto tremenda ingenuidade esperar que a morte do sobrenatural fosse igualmente visível de todos os pontos-chave de nossa cultura, ou fosse experimentada da mesma maneira por todos os que dela tomaram conhecimento. Continuarão a existir ambientes religiosos e teológicos nos quais a crise é, no máximo, vagamente sentida a distância, como uma ameaça externa. Em outros ambientes, ela está começando a ser sentida, mas está "ainda se desenrolando". Em outros ambientes, porém, está em plena erupção, como uma ameaça bem dentro, no fundo da estrutura de fé, prática e pensamento religiosos. E em alguns lugares é como se o crente ou o teólogo estivessem em pé num cenário de ruínas em lenta combustão.

---

9. KAUFMANN, W. *Nietzsche*. Nova York: Meridian Books, 1956, p. 81.

Estas diferenças na percepção e absorção da crise pervadem as divisões tradicionais entre os agrupamentos religiosos da cultura ocidental. Mas as divisões são ainda significativas em termos do impacto geral da crise. O protestantismo viveu com a crise por muito tempo e com grande intensidade, viveu com ela, isto é, como um cataclismo mais interno que externo. Isto porque o pensamento protestante sempre esteve particularmente aberto ao espírito da Modernidade. Com muita probabilidade, esta abertura tem suas raízes históricas não só numa afinidade intelectual ou espiritual, mas também no papel importante que o protestantismo desempenhou realmente na gênese do mundo moderno, como o mostraram Max Weber e outros. Seja lá como for, pode-se perceber no pensamento protestante, por bem mais de um século, uma maior tendência de acomodação à moderna mundanidade, a partir já dos idos de 1799, quando os *Pronunciamentos sobre religião aos seus eruditos desdenhadores*, de Schleiermacher, foram publicados pela primeira vez. O século que se seguiu, estendendo-se para dentro do século XX até a Primeira Guerra Mundial, assistiu à subida ao poder de um liberalismo teológico cuja preocupação crucial foi uma adaptação cognitiva do cristianismo à (real ou suposta) visão geral da Modernidade, liberalismo este que trouxe como um dos seus principais resultados o desmantelamento progressivo do arcabouço sobrenaturalista da tradição cristã. Realmente, o público visado pelos *Pronunciamentos* de Schleiermacher era também profético. Cada vez mais, a teologia protestante foi se orientando de acordo com a mudança dos círculos sociais dos "eruditos desdenhadores" da religião, isto é, de acordo com a mudança dos grupos de intelectuais secularizados, cujo respeito ela solicitou e cujos pressupostos cognitivos ela aceitou como obrigatórios. Em outras palavras, os teólogos protestantes se engajaram mais e mais num jogo cujas regras foram ditadas por seus antagonistas cognitivos. Enquanto esta curiosa vulnerabilidade (para não dizer falta de caráter) poderia provavelmente ser explicada sociologicamente, o que é interessante aqui é o resultado geral – uma profunda erosão dos conteúdos religiosos tradicionais, ao ponto de, em casos extremos, não sobrar nada mais que retórica oca. Ultimamente, parece cada vez mais que o extremismo se tornou a norma.

Por um curto período, mais ou menos desde o final da Primeira Guerra Mundial até logo após a Segunda Guerra (há algumas diferenças na duração deste período entre a Europa e a América, e até certo ponto entre as denominações religiosas), a tendência quase parecia estar se invertendo. Este foi o período marcado pela ascensão do que, de maneiras diversas, foi chamado de neoprotestantismo, teologia dialética ou (mais adequadamente) de neo-ortodoxia, inaugurada com brilho em 1919 com a publicação da *Epístola aos Romanos*, de Karl Barth. Com uma paixão tremenda, Barth, particularmente em sua obra inicial nos anos de 1920, repudiou todos os principais pressupostos do liberalismo protestante. Ele clamou por um retorno à fé clássica da Reforma, uma fé que, afirmava ele, era incondicionalmente baseada na revelação de Deus e não em qualquer razão ou experiência humanas. Em uma visão retrospectiva, é claro que este período foi mais uma interrupção do que uma inversão da tendência secularizante. Parece também que o interlúdio teve um fundamento histórico e sociopsicológico muito específico, a saber, os tremendos golpes desferidos à autoconfiança da cultura em geral, e a seu setor cristão em particular, pelos horrores da guerra, revolução e desastre econômico. Claro que isto era especialmente verdade para o protestantismo de língua alemã em sua confrontação com o delírio anticristão do nazismo. Os teólogos liberais zombavam dizendo que a neo-ortodoxia era basicamente uma espécie de neurose de pós-guerra, um exemplo de fadiga na batalha espiritual. Esta visão tem boa dose de plausibilidade histórica. Não nos deveria, pois, surpreender que a "normalização" da sociedade, assentando-se após a Segunda Guerra Mundial (na Alemanha isto pode ser datado com bastante precisão, e no contexto embaraçadamente, pela reforma monetária de 1948), levou a um rápido declínio da neo-ortodoxia e ao ressurgimento de várias linhas de neoliberalismo.

Ainda existem, é claro, ambientes mais ou menos intactos do conservadorismo protestante. Estão tipicamente localizados às margens da sociedade urbana de classe média. São como que fortalezas sitiadas e seu espírito tende a uma militância que só superficialmente encobre um senso oculto de pânico. Por vezes, em assomos de agressão frustrada, a militância torna-se histérica. Hoje, os neo-ortodoxos, que há apenas alguns anos poderiam imaginar-se como representantes do surgimento de uma nova reforma, sentem-se diminuir em número e influência. A maioria deles são velhos veteranos de batalhas que se tornaram irreais à nova geração (como as batalhas do protestantismo alemão na década de 1930) e eles muitas vezes estão mais por fora daquilo que anima os teólogos jovens do que os conservadores da velha guarda que nunca modificaram suas ortodoxias com o (possivelmente fatal) prefixo "neo". As novidades teológicas que dominaram o cenário protestante nas duas últimas décadas, todas elas basicamente parecem começar onde o liberalismo mais antigo desistiu. Isto se deu certamente com Paul Tillich e Rudolf Bultmann, e, nestes dois casos específicos, biograficamente. Tillich entendeu a função da teologia como a de "correlação" pela qual queria significar uma ajustagem intelectual da tradição cristã à verdade filosófica. Bultmann propôs um programa do que ele chamou de "desmitologização", uma reafirmação da mensagem bíblica em linguagem livre das noções sobrenaturalistas do homem antigo. Tanto Tillich como Bultmann se valeram grandemente do existencialismo (particularmente como foi desenvolvido na Alemanha por Martin Heidegger) por causa dos conceitos empregados em seus esforços de traduzir o cristianismo em termos adequados ao homem moderno. Os vários movimentos recentes de teologia "radical" ou "secular" retornarão, de maneira ainda mais clara, ao velho liberalismo, se os "desdenhadores eruditos", cognitivamente abarcados, forem psicanalistas, sociólogos, existencialistas ou analistas da linguagem[10]. A autodestruição do trabalho teológico é empreendida com um entusiasmo que raia ao bizarro, culminando na redução ao absurdo da "teologia da morte de Deus" e do "ateísmo cristão". Não é de admirar se mesmo aqueles clérigos, teólogos mais jovens e, com particular pungimento, estudantes de Teologia que não estão simplesmente ansiosos por estarem "por dentro" em termos das últimas modas teológicas, forem afligidos por um profundo mal-estar nesta situação. A pergunta "Que mais?" pode muitas vezes ser a expressão de uma atitude intelectual ligada a modas passageiras e à publicidade; mas pode também ser um genuíno grito *de profundis*. Na situação dos Estados Unidos, a opção pela atividade política, moralmente razoável pela indescritível confusão de nossos negócios internos e externos, como um alívio bem-vindo, como um "salto" libertador da ambiguidade para o compromisso. Não desejo, nem por um só momento, desvalorizar esta opção, mas

---

10. Cf., para uma análise mais detalhada desta constelação, meu "A Sociological View of Secularization of Theology" [Uma visão sociológica da secularização da teologia]. *Journal for the Scientific Study of Religion*, primavera de 1967.

pensando um pouco deveria ficar bem claro que o problema *cognitivo* fundamental não se resolve desta maneira.

A situação católica é diferente, pelo menos em parte, porque o catolicismo encarou o mundo moderno com muito mais suspeita desde o começo e, como resultado, conseguiu com mais eficiência manter até a uma data muito mais recente suas defesas cognitivas contra a Modernidade. Através de todo o século XIX, enquanto o liberalismo protestante levou adiante seu grande namoro com o espírito da época, o sentimento básico do catolicismo poderia ser descrito como uma grandiosa suspeita. Este sentimento é exemplificado pela figura de Pio IX, cujo *Sílabo de erros* de 1864 condenava, entre outras abominações modernas, a reivindicação de que "o Pontífice Romano pode e deve ajustar-se e concordar com o progresso, liberalismo e civilização, como foram recentemente introduzidos". Foi sob o mesmo pontificado que o Concílio Vaticano I proclamou a infalibilidade do papa, bem como a Imaculada Conceição, em julho de 1870, nas próprias barbas da "civilização como foi recentemente introduzida", civilização esta que, dois meses após, marchou sobre Roma na forma do exército de Vítor Emanuel. Ultimamente, em 1950 (na véspera mesma do *sputnik*, por assim dizer), esta recalcitrância esplêndida uma vez mais se manifestou na face da Modernidade, proclamando o Dogma da Assunção Corporal de Maria aos céus. Mas isto foi no pontificado de Pio XII. Os ventos da mudança começaram a soprar mais violentos sob João XXIII.

Não se precisa dizer que houve correntes ocultas de acomodação e modernização muito antes disto. A própria estrutura da Igreja Católica, entretanto, forneceu os meios pelos quais essas correntes puderam, realmente, ser mantidas *ocultas*. Assim a síndrome toda da secularização, incluindo a morte do sobrenatural, podia ser oficialmente diagnosticada como uma enfermidade do mundo fora dos portões. Dentro de seu interior, o aparato sobrenaturalista de mistério e milagre podia continuar como antes – conquanto que as defesas (tanto políticas como cognitivas) fossem guarnecidas por homens certos, pelo menos na aparência. Os quinta-colunas dentro da Igreja, como por exemplo o movimento modernista no final do século, foram pronta e eficazmente reprimidos. Neste particular, a alegoria freudiana da hidráulica cabe muitíssimo bem: os impulsos reprimidos, quando finalmente libertados, ameaçam explodir o edifício todo. As bombas, é claro, começaram a esguichar com o Concílio Vaticano II. Os velhos diques mostraram os seus furos. Não que não houvesse meninos prontos e dispostos a pôr os seus dedos em todos os buracos – havia os conservadores que assim o fizeram. E agora que todos os móveis parecem estar boiando mar afora, podem eles dizer com justiça: "Bem que lhes dissemos que isto ia acontecer".

A onda teológica que engolfou vastos segmentos do catolicismo, a partir do Vaticano II, é ainda bastante nova. Há ainda consideráveis ilhas de imunidade, especialmente em áreas geográficas ou sociais que estão relativamente ao abrigo dos modernos meios de comunicação (para não falar de alfabetismo). Mas, nos meios intelectuais católicos, os próprios meios em que o trabalho teológico deve necessariamente estar socialmente enraizado, emergiram nos últimos tempos ruídos de uma espantosa modernidade, capaz de envergonhar os mais "radicais" protestantes. David Martin, sociólogo britânico da religião, descreveu este processo com uma concisão admirável. "A maioria dos países protestantes, no âmbito anglo-saxão, estiveram tão acostumados à vacuidade religiosa que uma nuvem a mais de poeira existencialista quase que não perturba a clarividência de sua visão teológica. Mas para os que só ultimamente foram acostumados a ideias claras e distintas como o tomismo, ou acostumados a um exercício firme da autoridade, o efeito é surpreendente. Assim como católicos que deixam de ser conservadores se tornam muitas vezes marxistas, assim os que deixam de ser tomistas facilmente abraçam o tipo mais extremado de existencialismo. Eles são peritos em excluir o meio-termo"[11]. Em outras palavras, em religião como em política, se alguém começa a atacar de rijo a oposição, acabará pondo em perigo a si mesmo. O perigo era previsível. A ironia da situação é que os católicos liberais, que colocam a sociologia num alto posto em sua hierarquia de revelações seculares, falharam em ver o perigo. Os conservadores, que em geral encaram a sociologia como uma das mais nefastas criações diabólicas do intelecto moderno, farejaram os sinais de perigo a um quilômetro de distância. Pode muito bem ser que os conservadores tenham melhor faro sociológico.

Os judeus experimentaram a crise de maneira diferente. Por um lado, o judaísmo, diversamente do cristianismo, nunca desenvolveu sistemas autoritários e rigorosamente definidos de proposições teológicas. A ortodoxia no judaísmo sempre foi antes uma questão de prática que de fé. Um judeu ortodoxo poderá manter o número que quiser de ideias, quem sabe, selvagemente modernistas, sem necessariamente perceber que são incongruentes com suas atitudes em relação às excursões de família aos sábados ou as refeições com certos tipos de salame. Daí os esforços de Mordecai Kaplan em "reconstruir" o judaísmo libertando-o de toda sua bagagem de sobrenaturalismo tradicional;

---

11. "Sociologist Fallen Among Secular Theologians" [conferência radiofônica não publicada].

enfurecendo um bom número de rabinos, colegas seus, criou entre os judeus americanos uma tormenta de menores proporções que um programa semelhante certamente o teria, na época de sua primeira apresentação pelos anos de 1930, na maioria dos meios cristãos. Por outro lado, o judaísmo, diferentemente de qualquer outra forma de cristianismo ocidental, tem uma dimensão étnica que está muito de perto relacionada à sua tradição religiosa, mas que pode também ser dela divorciada. A moderna crise do judaísmo esteve intimamente ligada ao assim chamado problema de identidade judaica, para o qual houve várias soluções estritamente seculares, tendo o sionismo político alcançado o maior êxito. No entanto, a secularização mergulhou o judaísmo num dilema tão grande quanto o do cristianismo. É bom ressaltar que o judaísmo é, antes de tudo, uma questão de prática. Esta prática, contudo, tem suas raízes num universo cognitivo específico, sem o qual vê-se ameaçada pelo sem-sentido. As numerosas prescrições e proscrições do judaísmo ortodoxo parecem uma porção de absurdos, se não permanecerem ligadas a uma visão do mundo que inclua o sobrenatural. Faltando isto, apesar de toda sorte de lealdade e saudosismo tradicionais, o edifício todo da piedade tradicional assume o caráter de um museu de história religiosa. As pessoas podem gostar de museus, mas relutam em viver neles. E as soluções seculares ao problema de identidade judaica tornam-se de muito pouca importância, a não ser que haja uma pressão antissemítica *ou* uma comunidade judaica "natural" a quem o indivíduo possa pertencer independentemente de sua orientação religiosa. O declínio na América de hoje destas duas condições preocupou consideravelmente a liderança judaica americana. Em Israel, onde existe a segunda condição, os debates, estendendo-se em controvérsias legais sobre a relação entre judaidade, judaísmo e nacionalidade israelita, apontam para o surgimento de novas variações do clássico problema de identidade. Nem na América nem em Israel parece-nos plausível excluir o judaísmo, enquanto religião, da crise de que aqui estamos falando[12].

Como vimos, a crise é refratada de maneiras diferentes pelos vários prismas das tradições religiosas, mas nenhuma tradição, dentro das modernas sociedades ocidentais, está livre dela. Um bom exemplo poderia ser apresentado (embora não aqui) de tradições religiosas em sociedades não ocidentais em processo de modernização que estão sendo engolfadas pela mesma crise, mantendo a extensão da crise o mesmo passo que a extensão da modernização.

Neste confronto entre religião e Modernidade, o caso do protestantismo é o protótipo. Escritores católicos e judeus na América fizeram referência à "protestantização" de suas respectivas comunidades, querendo em geral significar certos traços de sua vida comunitária (p. ex., o desenvolvimento da Igreja como um centro social para sua comunidade ou o aparecimento do clero na vida pública em certas questões atuais) que podem ser atribuídos à influência protestante. O termo, entretanto, implicações mais fundas. O caso do protestantismo pode muito bem servir a outras tradições religiosas de exemplo altamente instrutivo do impacto da crise e de seus vários efeitos. Foi o protestantismo que primeiro sofreu o assalto violento da secularização; foi o protestantismo que por primeiro se adaptou a sociedades nas quais várias crenças existiam em igualdade de termos, o pluralismo poderia ser considerado como um fenômeno

---

12. Para uma discussão do dilema religioso do judaísmo contemporâneo, cf. COHEN, A. *The Natural and Supernatural Jew* – A History and Theological Introduction. Nova York: Pantheon Books, 1962.

gêmeo da secularização[13], e foi na teologia protestante que os desafios cognitivos ao sobrenaturalismo tradicional foram por primeiro enfrentados e combatidos. A experiência protestante possui uma qualidade vicária a seu respeito, especialmente em suas várias misérias. Escritores católicos e judeus que por vezes estão inclinados a serem os patrocinadores destas misérias fariam bem em observar os presságios e dar-se conta de que eles, de maneira alguma, estão imunes aos mesmos perigos.

Como alguém prediria o curso futuro da tendência secularizante depende obviamente, em grande medida, de como se explica a origem e as forças motoras da tendência. Há muitas teorias diferentes sobre as raízes da secularização[14], mas se alguém vir o processo em termos da história das ideias (arrolando fatores como o crescimento do racionalismo científico ou a latente secularidade da religião bíblica em si mesma) ou se preferir teorias de maior orientação sociológica (com fatores como industrialização, urbanização, ou o pluralismo dos meios sociais), é difícil ver por que qualquer um desses elementos devesse repentinamente inverter-se. É mais razoável pressupor que um alto grau de secularização é um concomitante cultural das modernas sociedades industriais, pelo menos como atualmente as conhecemos, assim que mudanças abruptas na tendência secularizante provavelmente não surgirão no futuro próximo. Isto pressupõe o que Kahn e Wiener chamam de maneira muito bonita um mundo "livre de surpresas", isto é, um mundo no qual as tendências atuais continuam a se desenvolver, sem a intromissão de fatores totalmente novos e inesperados.

---

13. Cf. BERGER, P. & LUCKMANN, T. "Secularization and Pluralism". *International Yearbook for the Sociology of Religion*, 1966.
14. Cf. meu *The Sacred Canopy* – Elements of a Sociological Theory of Religion. Garden City, NY: Doubleday, 1967, p. 105s.

Nossos "futurólogos" mesmos parecem sentir-se um tanto nervosos sobre a noção do "livre de surpresas", e com justa razão. Poder-se-ia perguntar se alguém, no final do século XV, equipado com as técnicas da moderna ciência social, teria estado numa posição de predizer a iminência da Reforma – ou um fenômeno similarmente precoce no final do século I: o advento expansionista do cristianismo. Um dos elementos que impede a história de ser uma completa chateação é o fato de estar ela cheia de "surpresas". Atualmente é fácil prever uma porção de possíveis "surpresas", o que significa que todas as apostas são inúteis com relação à secularização ou a qualquer outra tendência atual – uma guerra termonuclear devastando grande parte do mundo, um colapso total do sistema econômico capitalista, uma permanente guerra racial nos Estados Unidos, e assim por diante. Se qualquer uma destas coisas está à nossa espera e dentro de nossas previsões, então qualquer tentativa de prognóstico é fútil. Dificilmente ajudaria nossa compreensão predizer o aparecimento de estranhas religiões novas entre os desgraçados sobreviventes de um armagedon termonuclear. Não dispomos de dados para conjeturar, no caso da religião, sobre o que Kahn e Wiener chamam de "variações canônicas", isto é, possíveis constelações de desenvolvimento da "surpresa". Mas, apesar destas limitações, é possível fazer algumas observações a mais. Podemos pressupor a continuação da tendência secularizante e então prosseguir perguntando-nos que opções isto deixaria para a religião e para o pensamento teológico – opções que naturalmente terão de ser feitas sob as condições de uma minoria cognitiva.

A opção fundamental é simples: é uma escolha entre agarrar-se ao desvio cognitivo ou capitular. Esta escolha pertence ao domínio das ideias. Mas é muito importante compreender que tem implicações sociais práticas.

As escolhas na vida real raramente são puras, mas para se entender o meio-termo é útil imaginar os extremos. Num dos polos, pois, está a opção de manter (ou possivelmente reconstruir) uma posição sobrenaturalista diante de um mundo cognitivamente antagônico. Isto exige uma atitude sobranceira, uma recusa firme de "virar nativo", uma (literalmente ou não) despreocupação pontifical pelas opiniões da humanidade. O teólogo desta posição se prenderá ao seu trabalho, ao sobrenaturalismo e a tudo mais, e o mundo (literalmente ou não) que se dane. Pressupondo a continuação da tendência secularizante, não vai ser mais fácil manter esta posição. Haverá contra ela pressões sociais e sociopsicológicas extremamente fortes. A não ser que nosso teólogo tenha a força interior de um santo do deserto, ele só terá um remédio eficaz contra a ameaça de colapso cognitivo diante destas pressões: juntar-se com colegas separatistas que pensam como ele – e ficar bem pertinho um do outro. Somente numa contracomunidade de considerável força é que o desvio cognitivo tem chance de se manter. A contracomunidade fornece contínua terapia contra a dúvida sub-reptícia de, no final das contas, talvez não ter razão e a maioria ter. Para poder desempenhar sua função de dar apoio ao corpo desviante de "conhecimento" a contracomunidade deve manter um forte sentido de solidariedade entre seus membros (uma "comunhão dos santos" num mundo cheio de demônios) e deve estar totalmente unida em frente do mundo externo. ("Não vos junteis aos incrédulos!") Em suma, deve ser uma espécie de gueto.

As pessoas podem ser empurradas aos guetos, ou podem optar por viver neles. É relevante recordar que o judaísmo originalmente criou o gueto como uma contracomunidade segregada, não por coerção externa, mas por suas próprias necessidades religiosas. Provavelmente, desde o cativeiro da Babilônia, a comunidade segregada judaica foi a expressão social (e, talvez se possa acrescentar, uma comunidade sociologicamente necessária) do segregacionismo, da diferença da religião judaica. Sem a cerca da lei, como os rabinos bem se deram conta, o judaísmo não poderia ter sobrevivido no meio dos gentios. Inevitavelmente, esta cerca teológica tinha que produzir um reflexo social prático. Mas viver num meio isolado exige forte motivação. Na ausência de tal motivação, somente perseguição ou força externa poderá produzir as condições sociais necessárias para que o desvio cognitivo possa sobreviver.

Quando as próprias pessoas optam por viver nesta espécie de segregação da grande sociedade, temos o fenômeno que os sociólogos analisaram como sectarismo. O termo "seita", na linguagem comum, é usado de maneiras diferentes. Sociologicamente, significa um grupo religioso relativamente pequeno, em tensão com a grande sociedade e fechado (poder-se-ia dizer "amontoado") contra ela, o que exige forte lealdade e solidariedade de seus membros. A escolha em persistir neste desafiador separatismo cognitivo requer necessariamente também formas sectárias de organização social. Mas as pessoas têm, de alguma forma, que estar motivadas para viver em tais seitas. Às vezes isto pode ocorrer "naturalmente" se a comunidade sectária ou gueto coincidirem com barreiras étnicas ou de classe, estabelecidas pela grande sociedade. Por um tempo, isto aconteceu com o catolicismo nos Estados Unidos, mas, na mesma medida em que as barreiras começaram a cair, foram os motivos sectários desaparecendo. Algumas vezes a sociedade pode ser pouco atraente, e assim o submundo sectário tem um encanto acima e para além de sua mensagem particular. Isto provavelmente ajuda a compreender o período de ascendência neo-ortodoxa do protestantismo alemão. Num mundo cheio de nazistas, podemos perdoar por alguém ter sido barthiano.

O problema com a opção sectária, pelo menos numa projeção do futuro "livre de surpresas", é que tais circunstâncias "favoráveis" dificilmente ocorrerão de novo. A mobilidade e integração sociais quase por certo aumentarão e não diminuirão. Os governos modernos provavelmente não começarão a impor uma conformidade religiosa, após uma longa tendência no sentido inverso. Até mesmo os marxistas mais fundamentalistas parecem estar perdendo o gosto por perseguições religiosas. As condições resultantes não só são desfavoráveis à manutenção de monopólios em qualquer segmento maior da sociedade, como também produzem um mercado aberto para visões do mundo, religiosas ou seculares, nas quais é duro para as seitas vicejarem[15]. Em outras palavras, a situação moderna leva a sistemas abertos de "conhecimento", em competição e comunicação entre si, e não a estruturas fechadas, onde um "conhecimento" separatista de grande âmbito possa ser cultivado.

A opção do desafio cognitivo passa, pois, por consideráveis dificuldades de "engenharia social". A essas dificuldades deve-se acrescentar, no caso dos grandes grupos cristãos, uma profunda aversão a formas sectárias. O cristianismo tem atrás de si muitos séculos de universalismo e instituição social. A sugestão de se transformar em igreja de catacumbas, como foi, não é provavelmente aceitável para muitos homens eclesiásticos ou teólogos, sobretudo no campo católico. O som estranho e o sentido na verdade literalmente contraditório das locuções "seita católica" ou "catolicismo sectário" revelam a fundamental incompatibilidade espiritual.

O polo oposto do desafio é a capitulação. Nesta opção, a autoridade cognitiva ou superioridade do que quer que seja

---

15. Sobre o mercado religioso contemporâneo, cf. BERGER, P. & LUCKMANN, T. "Secularization and Pluralism". Op. cit.

considerada como "a *Weltanschauung* do homem moderno" é aceita com poucas reservas, se é que as há. A Modernidade é um anzol, linha e chumbo engolidos, e o repasto é acompanhado por um sentido de pavor digno da Sagrada Comunhão. Na verdade, o senso de injúria e incompreensão demonstrado por teólogos modernistas, cuja celebração cognitiva é rejeitada, poderia muito bem ser colocado nas palavras do *Livro de preces cotidianas* do anglicanismo, na exortação antes da Comunhão aos paroquianos negligentes: "Sabeis como é doloroso e indelicado, quando um homem preparou uma rica festa, cobriu sua mesa com toda a espécie de iguarias, assim que nada faltava a não ser os hóspedes para se assentarem: e, no entanto, os que são chamados... da maneira mais desagradecida se recusam a vir". Por ora, naturalmente, há pouca razão de se queixar do número – a festa está bem frequentada.

A tarefa intelectual básica assumida como resultado desta opção é a *tradução*. As afirmações religiosas tradicionais são traduzidas em termos apropriados ao novo quadro de referência, que se supõe conformar-se à *Weltanschauung* da Modernidade. Para este fim, foram usadas diferentes gramáticas de tradução, dependendo das preferências dos teólogos em questão, bem como de suas diferentes noções quanto ao caráter da *Weltanschauung* moderna. Nos casos de Paul Tillich e Rudolf Bultmann as gramáticas são variantes do existencialismo. Nas derivações americanas mais recentes da teologia "radical" foram utilizadas para fazer a tradução uma espécie de psicologia junguiana, filosofia linguística e sociologia popular. Quaisquer que forem as diferenças em método, o resultado é muito semelhante em todos os casos: os elementos sobrenaturais das tradições religiosas são mais ou menos completamente eliminados e a linguagem tradicional é transferida de referências do outro mundo para este mundo. A tradição e, na maioria dos casos, a instituição religiosa encarregada desta tradição podem ser apresentadas como ainda ou de novo "relevantes" ao homem moderno. Não é preciso dizer que tais procedimentos exigem boa dose de contorcionismo intelectual. A maior dificuldade sociológica, no entanto, não está aí. As várias formas de teologia secularizada, a não ser que sejam entendidas como exercícios intelectuais individuais (algo contra o qual luta o passado eclesiástico da maioria de seus protagonistas) oferecem vários benefícios práticos. Tipicamente, o leigo cumulado destas bênçãos será uma pessoa mais feliz (suas ansiedades existenciais amenizadas ou suas necessidades arquetípicas satisfeitas) ou será um cidadão mais eficiente (em geral isto significa um maior e melhor político liberal) ou talvez ambas as coisas. O problema é que estes benefícios são também possíveis sob rótulos estritamente seculares. Um cristianismo secularizado (e, neste assunto, um judaísmo secularizado) tem que fazer esforços consideráveis para demonstrar que o rótulo religioso, modificado de acordo com o espírito da época, tem qualquer coisa especial a oferecer. Por que se deveria comprar psicoterapia ou liberalismo racial em invólucros "cristãos", quando os mesmos bens estão à venda sob rótulos puramente seculares e por esta mesma razão mais modernistas? A preferência pela primeira escolha provavelmente limita-se às pessoas com uma nostalgia sentimental por símbolos tradicionais – um grupo que sob a influência dos teólogos secularizantes está constantemente diminuindo. Para a maioria, símbolos cujo conteúdo foi esvaziado não convencem nem mesmo interessam. Em outras palavras, a rendição teológica à suposta morte do sobrenatural derrota-se a si mesma na exata proporção de seu sucesso. Em última análise, representa a autodestruição da teologia e das instituições na qual a tradição teológica está corporificada.

Escolhas extremas, entretanto, são não apenas relativamente raras como são particularmente improváveis de serem adotadas por grandes instituições com uma variedade de interesses pessoais na sobrevivência social. Poderá haver círculos de intelectuais sobre quem algo como "ateísmo cristão" exercerá atração, mas uma bandeira com este estranho emblema dificilmente será levantada por qualquer uma das grandes igrejas. Inversamente, o tradicionalismo desafiador extremista ficará restrito a grupos menores, tipicamente àqueles cuja situação social (em regiões "atrasadas", digamos, ou em classes mais baixas) lhes presta um pequeno interesse ou apoio no mundo da Modernidade. Os grupos religiosos maiores estão antes inclinados a várias formas e graus de ajornamento, isto é, de acomodação limitada, controlada. Cognitivamente, esta posição envolve um processo de regateio com o pensamento moderno, a rendição diante de alguns itens tradicionais (que aqui é o mesmo que sobrenaturais) enquanto outros são mantidos.

Este foi o paradigma clássico do liberalismo teológico protestante. Sob novas aparências, subiu ele novamente ao poder, no protestantismo a partir da Segunda Guerra Mundial e no catolicismo a partir do Vaticano II. Este paradigma tem os mais sadios prospectos em termos de valores sociais de sobrevivência, mas tem também seus próprios problemas. O principal deles é um fator interiormente estruturado de escalada – escalada em direção ao polo de rendição cognitiva. O ajornamento surge em geral de considerações táticas. Argumenta-se que se deve modificar certos traços da instituição ou de sua mensagem, pois, caso contrário, não se poderá atingir esta ou aquela clientela recalcitrante – a *intelligentsia*, ou a classe operária, ou os jovens. Estas modificações, entretanto, implicam um processo de *repensar*, cujos resultados finais dificilmente são previsíveis ou controláveis. Modificações táticas, pois, tendem a expandir-se em direção a modificações genuinamente cognitivas. Neste ponto, o desafio de fora torna-se um desafio de dentro. O antagonista cognitivo se infiltrou sub-repticiamente para dentro dos portões e, pior, para dentro da consciência do teólogo incumbido de guardar os portões. A ideia de que o intercâmbio promove o entendimento é boa. Ao se trocarem ideias, entretanto, o entendimento força o acordo por aquelas razões enraizadas profundamente na natureza social do homem, que foram acima mencionadas. Em outras palavras, uma vez que alguém começa a pechinchar cognitivamente, submete-se a uma contaminação cognitiva mútua. A questão crucial torna-se então esta: Qual dos dois é o mais forte? Se a tese da secularização for válida, o mais forte será naturalmente o mundo moderno, onde o sobrenatural se tornou irrelevante. O teólogo que negocia ideias com o mundo moderno, portanto, sairá provavelmente a campo com uma proposta pobre, isto é, ele terá de dar muito mais do que receber. Para variar a imagem, ao que ceia com o diabo, seria bom ter uma colher grande. A diabólica Modernidade tem sua própria magia: o teólogo que ceia com ela verá sua colher ficar cada vez mais curta – até àquela última ceia em que é deixado sozinho à mesa, sem colher alguma e com um prato vazio. O demônio, poder-se-á adivinhar, já terá então ido embora, à procura de companhia mais interessante.

Tendo considerado as opções e suas possíveis consequências sobre o prognóstico "livre de surpresas" de que a tendência secularizante continuará como antes, seria útil agora olhar brevemente para algumas possíveis modificações da tendência sem as possibilidades cataclísmicas nas quais qualquer prognóstico se reduziria a nada. Dean Inge observou uma vez que um homem que se casa com o espírito da época logo se sentirá um viúvo. Isto pode ser o resultado de acontecimentos externos e muitas vezes acontece bastante subitamente. Por exemplo, em 1965 Harvey Cox, em *A cidade secular*, nos convidou a celebrar o advento do urbanismo moderno como se fosse uma espécie de revelação divina. Apenas alguns anos depois, é difícil despertar muito entusiasmo por *este* pedaço particular da sabedoria "da época". As cidades americanas estão fadadas a subir em chamas num ritual anual de louca destrutividade e futilidade. O movimento dos direitos civis, que presumivelmente deu a Cox confiança no futuro libertador da secularidade urbana, parece morto como força política. E aquela cidade mais vasta, que é a nação americana, foi sangrada em sua substância moral na guerra do Vietnã. Agora mesmo, muito pouca gente na América tem disposição interior para celebrar qualquer coisa de sua cidade. A lição deste exemplo pode ser ampliada olhando para dentro do futuro mais próximo. É bastante provável que a Guerra do Vietnã termine num futuro próximo, termine mesmo abruptamente, e que seu término seja seguido de medidas que se aproximem mais da sanidade e humanidade. É também possível que a guerra continue por um longo tempo, ou, o que é pior, que um Vietnã siga a outro numa série de aventuras imperialistas. Se a "epocalidade" é o critério, como vão os cristãos seguir a admoestação de Cox de "falar politicamente?" Nas notas vibrantes do otimismo milenarista que marcou o primitivo movimento dos direitos civis? Ou no estado de espírito apocalíptico, que *parece mais* apropriado neste momento? Dependendo de como as coisas forem se desenrolando, esta ou aquela opção não poderá tornar-se obsoleta em tempo algum. "Relevância, na melhor das hipóteses, é uma coisa muito frágil.

Não são somente as fantasias e as viradas abruptas dos acontecimentos externos que fazem as coisas serem assim. A organização de nossa vida cultural cria uma fragilidade. Relevância e epocalidade são primariamente definidas para a sociedade em geral pelos meios de comunicação de massa. Estes estão atacados por uma fome incurável de novidades. As relevâncias que eles proclamam são, quase por definição, extremamente vulneráveis a modas passageiras e consequentemente de duração geralmente curta. Como resultado, o teólogo (ou, naturalmente, qualquer outro intelectual) que procura estar e permanecer "por dentro", em termos de relevância comunicada e comunicável das massas, está predestinado a se ver, muito em breve, autoritativamente deposto como irrelevante. Aqueles que se consideram por demais sofisticados para a cultura de massa bebem suas opiniões sobre relevância e epocalidade de um grupo de panelinhas intelectuais, que têm seu próprio sistema de comunicações, caracterizado por modas que são mais intolerantes, mas dificilmente mais duráveis do que as dos meios de comunicação de massas. Neste país, os marajás do mundo da verdadeira sofisticação são sobretudo indivíduos cujo batismo na secularidade foi por imersão total. O teólogo que quiser haurir suas ideias desta fonte dificilmente deixará de render-se vilmente a estas realidades assumidas por estes círculos particulares – realidades que dificilmente conduziriam a um empreendimento teológico sob qualquer forma. Mas mesmo aquele que estivesse pronto a uma tal capitulação deveria estar de sobreaviso. Os intelectuais são notoriamente perseguidos pelo enfado (hoje em dia, eles gostam de chamar a isto de "alienação"). Nossos marajás intelectuais não fazem exceção, no mínimo, só porque conversam entre si. Não se poderá imaginar que bizarra religiosidade, mesmo encharcada de selvagem sobrenaturalismo, poderá ainda surgir nestes grupos, que mais uma vez deixarão nosso teólogo no lugar onde começou, de fora do coquetel, olhando para dentro.

Mas suponhamos que a relevância teológica seja orientada por tendências sociais de longo prazo antes que por modas fugazes, esotéricas ou exotéricas. Mesmo aqui é preciso um pouco de cautela. Há evidência generalizada de que a secularização não é tão abarcadora assim, como muitos pensaram, de que o sobrenatural, banido da respeitabilidade cognitiva por autoridades intelectuais, pode sobreviver em recantos e fendas ocultas da cultura. Mas nesta matéria não estão tão ocultas assim. Continua a haver manifestações bastante maciças daquele sentido do misterioso que o racionalismo moderno chama de "superstição" – última coisa, mas não a menor na existência contínua e aparentemente florescente de uma subcultura astrológica! Sejam quais forem as razões, números consideráveis do espécime do "homem moderno" não perderam a propensão para o admirável, o misterioso, para todas aquelas possibilidades contra as quais legislam os cânones da racionalidade secularizada[16]. Estes rumores subterrâneos de sobrenaturalismo podem, ao que parece, coexistir com toda a sorte de racionalismo superior. Num estudo sobre os estudantes americanos, 80% dos entrevistados expressou uma "necessidade de fé religiosa", enquanto que 48% admitia crer em Deus nos tradicionais termos judaico-cristãos[17]. O que é mais surpreendente ainda é que, em recente pesquisa de opinião, conduzida na Alemanha Ocidental, 68% afirmaram acreditar em Deus – mas 86% admitiam rezar![18] Há maneiras diversas de interpretar estes dados. Poderiam talvez ser explicados

---

16. Cf. PAUWEIS, L. & BERGIER, J. *The Morning of the Magicians*. Nova York: Stein and Day, 1964.
17. GOLDSEN, R. et al. *What College Students Think*. Princeton, NJ: Nostrand, 1960.
18. Pesquisa conduzida pela revista *Der Spiegel*, 21 (52), 18/12/1967.

muito simplesmente em termos da ilogicidade crônica do homem. Mas talvez expressem uma discrepância mais significativa entre o consentimento verbal aos truísmos da Modernidade e a real visão do mundo de muito maior complexidade. Em conexão com isto, os seguintes dados nos fazem hesitar: de acordo com estudos feitos na Inglaterra, aproximadamente 50% dos entrevistados já haviam consultado cartomante, um entre seis acreditava em fantasmas – e um entre quinze dizia ter visto um![19]

Eu não aceitaria quaisquer explicações, como as dadas numa linha de pensamento junguiano, em termos da psicologia da religião, isto é, em termos de supostas "necessidades" religiosas que são frustradas pela cultura moderna e buscam uma saída de qualquer maneira. Empiricamente, as premissas psicológicas aqui são muito duvidosas. Teologicamente, há poucas ideias menos úteis do que aquela em que crença religiosa se relaciona à necessidade religiosa como o orgasmo se relaciona à luxúria. E não está fora de cogitação que, afinal de contas, num mundo tão pobremente estruturado como o nosso, possamos ser afligidos por "necessidades" que são destinadas à frustração, exceto na ilusão (que, claro, é o que Freud pensou). Entretanto, deixando a psicologia de lado, é possível argumentar que a condição humana, cheia de sofrimento, como é, e com o desenlace da morte pela frente, exige interpretações que não só satisfaçam teoreticamente, mas que deem sustentação interior para enfrentar a crise do sofrimento e da morte. No sentido do termo de Max Weber há uma necessidade, social mais que psicológica, de *teodiceia*. A teodiceia (literalmente "justificação de Deus") originariamente se refería a teorias que procuravam explicar como um Deus todo-poderoso e bom pode permitir o

---

19. MARTIN, D. *A Sociology of English Religion*. Nova York: Basic Books, 1967, p. 75.

sofrimento e o mal no mundo. Weber usou o termo num sentido mais amplo para qualquer explicação teorética do sentido do sofrimento ou do mal.

Há, é claro, teodiceias seculares. Falham contudo na interpretação e consequentemente na tentativa de tornar mais suportáveis os paroxismos do sofrimento humano. Falham notavelmente na interpretação da morte. O caso marxista é instrutivo. A teoria marxista da história fornece realmente uma espécie de teodiceia: todas as coisas serão restauradas na utopia pós-revolucionária. Isto pode ser bastante confortador para um indivíduo que enfrente a morte nas barricadas. Uma morte assim tem sentido em termos de uma teoria. Mas a sabedoria do marxismo dificilmente proporcionará muito conforto a um indivíduo enfrentando uma operação de câncer. A morte que ele encara é estritamente sem sentido dentro deste (e, em verdade, de qualquer outro) quadro de referência de teodiceia voltada sobre este mundo. Estas observações não pretendem ser aqui um argumento a favor da verdade da religião. Talvez a verdade seja incômoda e sem um sentido último para a esperança humana. Sociologicamente falando, entretanto, o estoicismo que pode abraçar esta espécie de verdade é raro. A maioria das pessoas, parece, quer um maior conforto e, até agora, foram as teodiceias religiosas que o forneceram.

Há, pois, algumas razões para se pensar que, no mínimo, bolsões de religião sobrenaturalista provavelmente sobreviverão dentro da grande sociedade. No que tange às comunidades religiosas, poderemos esperar uma reação aos extremismos mais grotescos de autodestruição das tradições sobrenaturalistas. É um prognóstico bastante razoável de que num mundo "livre de surpresas" a tendência geral de secularização continuará. Uma impressionante redescoberta do sobrenatural, nas dimensões de um fenômeno de massa, não está nos livros. Ao mesmo tempo, áreas significativas de sobrenaturalismo continuarão a se encravar na cultura secularizada. Algumas delas poderão ser remanescentes do tradicionalismo, do tipo que os sociólogos gostam de analisar como atraso cultural. Outras podem ser novos agrupamentos, locais possíveis para a redescoberta do sobrenatural. Ambos os tipos terão de se organizar em formas sociais mais ou menos sectárias. As grandes organizações religiosas continuarão provavelmente sua infrutífera busca de um meio-termo entre o tradicionalismo e o ajornamento, tendo pelas pontas o sectarismo e a dissolução secularizante sempre importunando. Este não é um quadro dramático, mas é mais adequado que as visões proféticas quer do fim da religião, quer de uma época próxima de deuses ressuscitados.

Se meu propósito fosse aqui primariamente o de uma análise ou prognóstico sociológicos, este seria o fim do argumento. Uma vez que tal não é o caso neste livro, o que foi dito tem um caráter de discussão preliminar. A intenção é delinear algumas facetas da situação dentro da qual deve hoje se situar o pensar sobre religião. Preocupo-me com as questões religiosas em si, mais no nível da verdade do que da epocalidade. Também sustento (como explicarei a seguir) que a perspectiva sociológica nestas questões pode ir um pouco além de uma simples diagnose da situação atual. Ninguém seguramente pode pensar sobre religião, ou qualquer outra coisa, em atitude de soberana independência de sua situação no tempo e no espaço. A história do pensamento humano demonstra bastante claramente, entretanto, que é possível chegar a se fazer perguntas sobre a verdade, ignorando o espírito de uma época, e mesmo chegar a respostas que contradizem este espírito. Epocalidade genuína significa sensibilidade para com o ponto de partida sócio-histórico de alguém, *não* fatalismo sobre o possível destino de alguém. O que segue é pois baseado na crença de que é possível libertar-se a si mesmo, num grau considerável, das pressuposições de uma época, aceitas simplesmente como tais. Esta crença tem, como correlato seu, uma indiferença radical em relação à situação majoritária ou minoritária da visão do mundo de alguém, uma indiferença que está longe da exaltação de estar completamente "por dentro" e da arrogância do esoterismo. Talvez esta indiferença tenha também um elemento de desprezo para com as satisfações emocionais de qualquer uma das posições.

2 A perspectiva da sociologia: relativizar os relativizadores

O conhecimento pode ser cultivado para seu próprio interesse; pode também ter consequências existenciais bem definidas. É possível afirmar o fato de que existencialmente (i. é, em termos da existência do indivíduo no mundo) o verdadeiro conhecimento leva a experiências de êxtase – de *ek-stasis*, um estar-fora das rotinas simplesmente aceitas da vida do dia a dia. Os conjuntos e modos de conhecimento diferem, ambos no grau a que nos conduzem a tal êxtase e no caráter de êxtase que proporcionam. A este respeito, há tipos de conhecimento que parecem ser bastante atemporais; por exemplo, o conhecimento do poeta trágico. Podemos voltar-nos do jornal diário a Ésquilo ou Shakespeare e descobrir que as intuições dos trágicos realmente dizem respeito aos acontecimentos do dia – e o êxtase assim obtido pode, de verdade, ser terrificante.

Há outros tipos de conhecimento que proporcionam êxtases de caráter mais temporal. Por exemplo, a descoberta da complexidade da subjetividade individual, que fez nascer a novela como uma forma literária do mundo ocidental moderno, é temporal e ligada ao tempo de uma maneira um pouco diferente. Podemos ser movidos ao êxtase por Shakespeare, e os elisabetanos poderiam ter sido movidos por Ésquilo, mas é muito duvidoso que as intuições estáticas de Balzac ou Dostoiewski pudessem ter sido compreendidas no século XVI. Inversamente, o homem ocidental moderno parece ter praticamente perdido a capacidade de compreender, sem falar em repetir, a condição estática que as práticas de vários cultos religiosos proporcionaram a seus membros durante a maior parte da história anterior da humanidade.

O pensamento teológico, que quase por definição se encontra neste terreno do êxtase, é inevitavelmente afetado pelos tipos de conhecimento que ocasionam os êxtases peculiares do tempo – sem considerar se estes êxtases são verdadeiros ou falsos por alguns critérios extrínsecos de validade e sem considerar muito se o pensamento teológico procura ou se opõe a êxtases deste tipo. As razões sociológicas para tal atitude foram discutidas. Outra razão é a propensão humana intrínseca para o pensamento unificado. Para ser sincero, uma reflexão séria recua diante de uma esquizofrenia cognitiva. Procura unificar, reconciliar, compreender como uma coisa tida por verdadeira se relaciona com outra assim tida. Na história do pensamento cristão, cada época apresentou ao teólogo seus desafios peculiares próprios. Nossa própria época difere somente na aceleração da sequência dos desafios. Sem surpresas, o teólogo em nossa situação é perseguido por um sentido de vertigem, embora não seja só ele atingido por isto.

Marx, num trocadilho do sentido germânico do nome de Feuerbach, disse uma vez que qualquer pessoa que fizesse filosofia séria naquela época teria que atravessar primeiro o "riacho de fogo" do pensamento de Feuerbach. Hoje a perspectiva sociológica se constitui no "riacho de fogo" através do qual o teólogo tem que passar – ou, talvez mais precisamente, a sociologia do conhecimento que põe o desafio especificamente contemporâneo à teologia. A teologia pode, é claro, desconhecer tal desafio. Sempre é possível evitar desafios, algumas vezes por longo tempo. Poder-se-ia argumentar, por exemplo, que o pensamento hindu deu um jeito de evitar o desafio do budismo por quase 2.500 anos. Não obstante, há desafios que alguém evita por correr perigo – não necessariamente um perigo prático, mas um perigo à integridade de seu pensamento. Neste caso particular, por causa da crise apresentada anteriormente, evitar o desafio da sociologia terá quase com certeza consequências nefastas, tanto práticas como cognitivas.

Num sentido amplo do termo, esta é a mais recente corporificação do desafio do moderno pensamento científico. Vista neste contexto, a Sociologia é simplesmente a mais recente numa série de disciplinas científicas que profundamente desafiaram a Teologia. As ciências físicas foram provavelmente as primeiras na linha de ataque e são elas as primeiras a recorrerem à ideia da maioria quando um desafio científico à Teologia é mencionado. As pessoas pensam em Copérnico e Galileu, pensam no desafio à cosmologia da Idade Média, particularmente à posição central no universo que ela atribuía aos homens e à terra dos homens, e, mais recentemente, pensa no racionalmente explicável universo da física moderna, onde a "hipótese religiosa" torna-se cada vez mais desnecessária para explicar a realidade. Por mais válido que seja o conflito atual entre a teologia e as ciências físicas, não há dúvida de que se acreditou profundamente existir tal conflito e o efeito geral desta crença foi relacionado ao que Max Weber denominou com aptidão de desencantamento do mundo.

A revolução na biologia durante o século XIX agravou ainda mais o desafio. Se Copérnico destronou o homem cosmologicamente, Darwin destronou-o ainda mais dolorosamente no campo biológico. Foi moda achar graça nestas humilhações metafísicas do homem e olhar com superior divertimento para os esforços retrógrados que tentavam resistir em aceitá-las. Podiam ter sido retrógrados, mas não merecedores de gracejos. O gracejo, se houver, é conosco. Neste caso, é um gracejo de mau gosto. Realmente, não há nada muito engraçado em sentir-se abandonado, só, num canto longínquo de um universo despojado de sentido humano – nem na ideia de que aquele destino é o resultado do massacre desalmado que Darwin, bastante eufemisticamente, chamou de seleção natural. Minhas simpatias pessoais, devo confessar, estão com a patética ação de retaguarda de William Jennings Bryan antes do que com a insípida felicidade-progresso de Clarence Darrow – um homem admirável em muitos aspectos, mas, sinceramente, por demais obtuso para acreditar que uma visão darwinista do homem pudesse servir de base para sua oposição à pena de morte.

Contra as suposições populares, eu, no entanto, manteria que os desafios das ciências físicas à teologia foram *relativamente* suaves. Elas lançaram um desafio a certas interpretações literais da Bíblia, como a crença de que o universo foi criado literalmente em sete dias e de que a raça humana descende literalmente de Adão. Mas tais crenças, afinal, podem ser plausivelmente interpretadas como não interferindo com a essência da fé. Mais sério é aquele desencanto geral do mundo, mencionado acima, mas o próprio sentido de abandono que ele provoca pode também tornar-se um motivo para apaixonadas afirmações teológicas – como o demonstram os exemplos de Pascal e Kierkegaard. Os desafios das ciências humanas, por outro lado, foram mais críticos, mais perigosos à essência do trabalho teológico. Os dois importantes predecessores da sociologia foram, sucessivamente, a história e a psicologia. Foi o estudo da história, especialmente como se desenvolveu no século XIX, que por primeiro ameaçou minar a teologia nas suas próprias bases. Seu desafio também começou com particularidades que poderiam ser mais ou menos plausivelmente rejeitadas como sendo triviais: a descoberta das diferentes fontes dos livros bíblicos que tinham sido canonizados como unidades, ou a descoberta de inconsistências nos vários relatos da vida de Jesus. Todos estes detalhes, entretanto, levaram a algo muito mais sério: um senso generalizado do caráter histórico de *todos* os elementos da tradição, o que enfraqueceu significativamente suas pretensões de unicidade e autoridade. Dito de modo simples, o estudo da história levou a uma perspectiva na qual até mesmo os mais sacrossantos elementos da tradição religiosa acabaram por ser vistos como *produtos humanos*. A psicologia aprofundou este desafio, porque propunha que esta produção não só podia ser vista, mas explicada. Certo ou errado, a psicologia depois de Freud sugeriu que a religião era uma gigantesca projeção de necessidades e desejos humanos – uma sugestão tão mais sinistra, pelo caráter pouco edificante destas necessidades e desejos, e sinistra, enfim, pelos supostos mecanismos inconscientes deste processo de projeção. Assim, a história e a psicologia juntas precipitaram a teologia num verdadeiro vórtice de relativizações. A crise resultante de credibilidade absorveu *in toto* o empreendimento teológico, e não meramente este ou aquele detalhe de interpretação.

Este não é o lugar para uma crítica da validade final destes desafios. Eu por mim considero as pretensões da história mais sérias que as da psicologia. Seja como for, o desafio da sociologia pode ser visto como uma ulterior intensificação da crise. A natureza histórica e o caráter de produto, e consequentemente a relatividade antes que o absolutismo das tradições religiosas tornam-se ainda mais transparentes à medida que se compreender a dinâmica social de sua produção histórica. E a noção de projeção torna-se muito mais plausível na sua forma sociológica do que na psicológica, porque a sociologia é mais simples e mais prontamente verificável na experiência ordinária "consciente". A sociologia, pode-se dizer, leva a vertigem da relatividade a seu clímax mais violento, colocando um desafio ao pensamento teológico com uma agudez sem precedentes.

Quais são as dimensões deste desafio?

A dimensão mais óbvia é que a pesquisa sociológica dá ao teólogo um sentido de seu próprio estado minoritário na sociedade contemporânea. Poder-se-ia, é claro, manter que aqui, como em qualquer outro campo, a sociologia simplesmente repisa o que todos sabem. Afinal de contas, o declínio da religião no mundo moderno já tinha sido notada, saudada e deplorada antes do que qualquer sociólogo começasse a investigar o assunto. No entanto há uma diferença entre as observações muito gerais e sem conteúdo sobre o suposto espírito da época e o tipo de dados sóbrios e específicos que a sociologia habitualmente investiga. Por exemplo, soube-se certamente por longo tempo que a grande cidade não leva à piedade tradicional. Mas os cuidadosos dados estatísticos sobre este assunto, como os acumulados por Gabriel LeBras em seus estudos da prática do catolicismo na França, têm um efeito de impacto bastante diferente. Isto foi expresso dramaticamente na famosa afirmação de LeBras de que uma certa estação ferroviária em Paris parecia ter uma qualidade mágica, pois os imigrantes rurais pareciam virar de católicos praticantes para não praticantes no próprio instante em que nela colocavam os pés.

É muito difícil avaliar o efeito global da informação sociológica assim como está difundida num certo meio. No caso citado, é difícil julgar a importância desta informação no repensar radical sobre sua própria posição que começou no catolicismo francês desde a Segunda Guerra Mundial e continua ainda hoje.

É óbvio, no entanto, que tais dados, como os de LeBras, e sua escola, dão uma dimensão inteiramente outra, isto é, uma dimensão de verificabilidade científica a tais afirmações como a de que a França é de fato um território de missão – uma afirmação, entre outras coisas, que influenciou o surgir do movimento dos padres operários[20]. Para tomar outro exemplo: Provavelmente todo o mundo soube por muito tempo que os ministros protestantes americanos eram cuidadosos quanto às ideias de suas congregações e que este cuidado aumentava com o grau de seu sucesso profissional. Mas é ainda bastante chocante, quando este fato é trazido à luz com cuidadosa documentação, como foi feito num estudo sobre ministros na crise racial em Little Rock[21].

O efeito de choque não é muitas vezes pretendido. Pode começar com perguntas práticas muito modestas. Um ministro, digamos, quer saber o quanto ele está atingindo sua congregação em seus sermões. Decide fazer uma pequena pesquisa sociológica do tipo "faça-o você mesmo" e distribui um questionário. As respostas voltam e mostram que a maior parte da congregação não parece ter ouvido sua pregação de maneira alguma. Eles concordam e discordam, no questionário, sobre coisas que ele nunca disse. Isto realmente aconteceu e não é difícil ver que semelhantes informações vão perturbar muito um ministro. Vamos supor que sua curiosidade é agora atiçada mais profundamente e ele inicia suas atividades de investigação. Poderá então descobrir que o que muitos em sua congregação entendem por religião tem muito pouca relação com o que ele entende ou com a tradição denominacional a quem a congregação reivindica lealdade.

---

20. Cf. PETRIE, J. (ed.). *The Worker Priests* – A Collective Documentation. Londres: Routledge and Kegan Paul, 1956.
21. Cf. CAMPBELL, E. & PETTIGREW, T. *Christians in Radical Crisis* – A Study of Little Rock's Ministry. Washington: Public Affairs, 1959.

E talvez descobrirá também que seu próprio papel é entendido pelos membros da congregação de uma maneira diametralmente oposta à sua compreensão. Ele pensa estar pregando o Evangelho; eles acreditam que esteja dando instrução moral a seus filhos. Ele quer ter um impacto em suas crenças sociais e políticas, eles querem que se conserve longe destas coisas e construa sua vida familiar, e assim por diante. O que começou com algumas perguntas práticas sobre como ser um ministro eficaz termina com uma informação que põe em questão todo o seu ministério e a Igreja. Variações de um tal processo de intuições cada vez mais alarmantes estão longe de serem incomuns na América de hoje e contribuíram para o nervosismo geral do clero.

Há uma certa ironia cruel nisto, especialmente diante do fato de boa parte do trabalho na sociologia da religião começar como pesquisa de mercado empreendida em nome de organizações religiosas. A lição talvez seja a de que se chama o sociólogo com risco próprio. Pode-se proceder assim, inicialmente, pelas razões mais pragmáticas, simplesmente querendo obter informações que serão úteis no planejamento e execução de políticas institucionais. Poder-se-ia achar que sem alguém o querer (incluindo o sociólogo) a informação que surge subverte algumas pressuposições básicas da própria instituição. É-se tentado a sugerir que os sociólogos, ao oferecerem seus serviços a burocracias institucionais, pronunciem um forte *caveat emptor* antes de começar o trabalho.

Há, entretanto, uma dimensão mais profunda no desafio da sociologia ao pensamento teológico. É a dimensão da sociologia do conhecimento[22]. Seu desafio ao pensamento teológico jaz em

---

22. Cf. BERGER, P. & LUCKMANN, T. *A construção social da realidade*. Op. cit. • BERGER, P. *O dossel sagrado*. São Paulo: Paulinas, esp. p. 126s.

sua habilidade de proporcionar uma espécie de *resposta* ao problema da relatividade. A resposta, porém, não é inteiramente confortadora, pelo menos não à primeira vista.

A Sociologia do Conhecimento, uma subdisciplina da Sociologia que começou na Alemanha por volta de 1920 e tornou-se familiar aos sociólogos de língua inglesa através dos escritos de Karl Mannheim, preocupa-se com a relação entre o pensamento humano e as condições sociais sob as quais o pensamento ocorre. Sua relevância básica em relação ao assunto em pauta pode ser ilustrada com bastante facilidade ao se explicar o conceito das estruturas de plausibilidade.

Uma das proposições fundamentais da sociologia do conhecimento é que a plausibilidade, no sentido daquilo que as pessoas realmente acham digno de fé, das ideias sobre a realidade depende do suporte social que estas ideias recebem. Dito mais simplesmente, nós conseguimos nossas noções sobre o mundo originalmente de outros seres humanos, e estas noções continuam sendo plausíveis, para nós em grandíssima parte, porque os outros continuam a afirmá-las. Há algumas exceções – noções que derivamos direta e instantaneamente de nossa própria experiência dos sentidos –, mas mesmo estas podem ser integradas em visões significativas da realidade somente por força de processos sociais. Claro que é possível ir contra o consenso social que nos cerca, mas há pressões fortes (que se manifestam como pressões psicológicas dentro de nossa própria consciência) para nos conformarmos às visões e crenças de nossos semelhantes. É na conversa, no sentido mais vasto do termo, que construímos e fazemos prosseguir nossa visão sobre o mundo. Segue-se que esta visão depende da continuidade e consistência de tal conversa e que ela mudará quando trocarmos de parceiros de conversa.

Todos vivemos numa variedade de redes sociais ou texturas conversacionais que estão relacionadas com nossas várias concepções do universo de maneiras algumas vezes complexas e outras, contraditórias. Ao chegarmos às concepções mais sofisticadas, parece haver práticas organizadas destinadas a silenciar dúvidas e prevenir lapsos de convicção. Estas práticas se chamam terapias. Parece haver também explicações, justificações e teorias mais ou menos sistematizadas em apoio às concepções em foco. Os sociólogos chamaram-nas de legitimações.

Por exemplo, toda sociedade, inclusive a nossa, organiza a vida sexual de seus membros. Algumas práticas sexuais são permitidas e até mesmo santificadas, outras são proibidas e abominadas. Se tudo correr bem (e isto em geral significa que se não houver fracasso na socialização dos indivíduos) a pessoa fará nesta área o que dela se espera e se manterá longe das possibilidades do tabu. Os homens, digamos, se casarão com as mulheres que eles mais desejarem e se absterão de dormir com outros homens. Mas nem tudo vai sempre bem. Ocasionalmente, alguém escorrega do caminho reto e estreito. A sociedade poderá puni-lo por isto, usando os vários mecanismos que os sociólogos chamam de controles sociais; poderá também procurar ajudá-lo. As agências terapêuticas ou "auxiliadoras" apontarão seus erros e lhe oferecerão uma maneira de voltar ao rebanho. Em nossa sociedade há uma vasta rede de psicoterapeutas, conselheiros e assistentes sociais exatamente com esta função. Mesmo quando as coisas vão bem, entretanto, o povo muitas vezes faz perguntas. Ele quer explicações para os imperativos morais que a sociedade lhe impõe. Estas explicações ou legitimações são destinadas a convencer o povo de que aquilo que lhe é dito não é só a coisa sensata, mas também a única certa e salutar. Muitos psicólogos criam esta farsa identificando condutas sexuais socialmente impostas como "saúde mental". Em uma situação social com todas estas defesas terapêuticas e legitimantes torna-se bastante plausível, pelo menos na maioria das vezes, o casamento e abominação da homossexualidade. Seria bem diferente se uma sociedade definisse "normalidade" de uma maneira diferente e impusesse esta outra definição sobre o povo. Em outras palavras, a plausibilidade desta ou daquela concepção do que é sexualmente "normal" depende de circunstâncias sociais específicas. Quando juntarmos todos estes fatores – definições sociais de realidade, relações sociais que aceitam tais definições sem questioná-las, bem como as terapias e legitimações que as sustentam – teremos a estrutura toda da plausibilidade da concepção em foco.

Assim, toda concepção do mundo, qualquer que seja seu caráter ou conteúdo, pode ser analisada em termos de sua estrutura de plausibilidade, porque é só quando o indivíduo permanece nesta estrutura que a concepção do mundo em questão permanecerá plausível a ele. A força desta plausibilidade, indo de certezas inquestionáveis através de firmes probabilidades a meras opiniões, dependerá diretamente da força da estrutura que a sustenta. Esta dinâmica vale sem atender ao fato de se, por alguns critérios de validade de um observador externo, as noções assim tornadas plausíveis são verdadeiras ou falsas. A dinâmica refere-se da maneira mais definitiva a quaisquer afirmações religiosas sobre o mundo, porque estas afirmações são, por sua própria natureza, incapazes de ter seu apoio em nossa própria experiência dos sentidos, e, portanto, dependem inteiramente do apoio social.

Cada estrutura de plausibilidade pode ser ulteriormente analisada em termos de seus elementos constituintes – os seres humanos específicos que "habitam" nela, a rede conversacional pela qual estes "habitantes" mantêm a realidade em questão funcionando, as práticas e rituais terapêuticos e as legitimações que os acompanham. Por exemplo, a manutenção da fé católica na consciência do indivíduo exige que ele mantenha relações com a estrutura de plausibilidade do catolicismo. Isto é, uma comunidade de católicos, sobretudo em seu ambiente social, que continuamente dê suporte a esta fé. Será útil se os que foram da maior significação emocional para o indivíduo (os que George Herbert Mead denominou outros – significantes) pertencerem a esta comunidade de apoio – não importa muito se, por exemplo, o dentista do indivíduo não é um católico, mas seria bom que sua mulher e seus amigos pessoais mais íntimos o fossem. Dentro desta comunidade de apoio haverá, então, uma conversa contínua que explícita e implicitamente mantém o mundo católico em andamento. Explicitamente, há a afirmação, confirmação, reiteração das noções católicas sobre a realidade. Mas há também um catolicismo implícito numa tal comunidade. Afinal, na vida de todo dia é tão importante serem algumas coisas silenciosamente aceitas como tais como é importante serem algumas reafirmadas com tantas palavras. Na verdade, as suposições mais fundamentais sobre o mundo são comumente afirmadas implicitamente – elas são tão "evidentes" que não há necessidade de verbalizá-las. Nosso indivíduo, pois, opera dentro do que poderíamos chamar de aparelho conversacional especificamente católico, que, de inúmeras maneiras, confirma a cada dia o mundo católico que ele habita em companhia de seus "outros significantes". Se todos estes mecanismos sociais funcionarem devidamente, o catolicismo ser-lhe-á tão "natural" como a cor de seus cabelos ou sua fé na lei da gravidade. Ele será realmente o feliz possuidor de uma *anima naturaliter christiana*, uma "alma naturalmente cristã".

Uma tal perfeição na estrutura de plausibilidade é improvável. Por esta razão, a comunidade de apoio (neste caso, a Igreja institucional) providencia práticas, rituais e legitimações específicas que mantêm a fé acima e além de sua sustentação básica por um meio social católico. Isto, é claro, inclui todo um conjunto de práticas piedosas, desde os sacramentos formais até aos ritos particulares de reasseguramento (como a oração), recomendados ao indivíduo. Isto inclui também um conjunto de conhecimentos (no caso católico, vasto em volume e de enorme sofisticação) que fornece explicação e justificação para cada detalhe da vida e crença religiosas. E neste exemplo, é claro, há um grupo de eruditos altamente treinados que medeiam o mecanismo terapêutico e legitimador ao indivíduo. Os detalhes de tudo isto variam em circunstâncias diferentes especialmente entre uma situação na qual a estrutura de plausibilidade é mais ou menos coextensiva com a experiência social global do indivíduo (i. é, onde os católicos constituem a maioria) e uma situação na qual a estrutura de plausibilidade existe como um enclave desviado dentro da sociedade mais ampla do indivíduo (i. é, onde os católicos são uma minoria cognitiva). Mas o ponto essencial é que a plausibilidade do catolicismo depende da existência destes processos sociais.

Poder-se-á objetar que, de alguma forma, sempre se soube disto, certamente por parte de pensadores católicos. Poder-se-ia mesmo dizer que a fórmula *extra ecclesiam nulla salus* ("fora da Igreja não há salvação") exprime a mesma intuição em linguagem diferente. Um momento de reflexão, entretanto, indicará que há mais do que uma mudança de linguagem envolvida nisto – e, com certeza, a maioria dos teólogos recuaria diante de uma tradução da fórmula para a seguinte afirmação: "Não há plausibilidade sem uma estrutura de plausibilidade adequada".

Por quê? Porque a versão traduzida oferece uma *explicação* da fé que despe o caso específico de sua unicidade e autoridade. O mistério da fé torna-se agora cientificamente apreensível, praticamente repetível e aplicável ao geral. O mágico desaparece quando os mecanismos da gênese da plausibilidade se tornam transparentes. A comunidade de fé é agora compreensível como uma *entidade construída* – foi construída numa história humana específica, por seres humanos. Inversamente, pode ser desmantelada ou reconstruída pelo uso dos mesmos mecanismos. Na verdade, a um fundador hipotético de uma religião poder-se-ia dar um esquema sociológico para a fabricação da necessária estrutura de plausibilidade – e este esquema conteria essencialmente os mesmos elementos básicos que entraram na montagem da comunidade católica de fé. A fórmula, uma vez transformada numa afirmação de autoridade única, impõe-se como uma regra geral. Aplica-se a católicos, protestantes, budistas de Theravada, comunistas, vegetarianos e crentes em discos voadores. Em outras palavras, o mundo do teólogo tornou-se *um mundo entre muitos* – uma generalização do problema da relatividade que vai consideravelmente além das dimensões do problema como foi anteriormente colocado pelo estudo da história. Para colocar a questão em termos simples: a história põe o problema da relatividade como *um fato*, a sociologia do conhecimento *como uma necessidade de nossa condição.*

Se meu propósito fosse aqui o de deixar os teólogos perplexos, este ponto poderia ser elaborado mais extensivamente. Uma vez que meu objetivo é confortá-los, espero simplesmente que esta questão tenha ficado o suficientemente clara e que tenha sido dito o bastante para justificar a suspeita de que a sociologia é a lúgubre ciência por excelência dos nossos tempos, uma disciplina intrinsecamente desencantadora que deveria ser a mais adequada para niilistas, cínicos e outras coisas dignas de fiscalização policial. Os teólogos e políticos conservadores já há tempo suspeitavam exatamente isto, e sua aversão pela sociologia está baseada num forte instinto de sobrevivência. Não estou interessado por ora em perseguir a questão de se a sociologia deveria, numa sociedade bem governada, ser proibida como corrupção dos jovens e inimiga da boa ordem (estou certo de que Platão teria pensado assim). No que se refere ao desafio ao pensamento teológico, entretanto, há traços redentores inesperados nas revelações funestas do sociólogo, e são eles que me preocupam no meu presente trabalho.

Não se pode atirar um bocado de comida ao dragão da relatividade e depois, como sempre, andar por aí cuidando de seus negócios intelectuais, embora Max Scheler, o fundador da sociologia do conhecimento, tentasse fazer exatamente isso. Na esfera do pensamento teológico fez-se um esforço semelhante, na distinção, particularmente cara ao grupo dos neo-ortodoxos, entre "religião" e "fé cristã"[23]. "Religião" cai sob todas as categorias relativizantes que alguém possa imaginar, enquanto que "fé cristã" estaria de alguma forma imune de tudo isto, porque é mais um dom da graça de Deus do que um produto do homem e, portanto, fornece um chão firme de onde se pode contemplar as areias movediças da relatividade. Uma das apresentações mais engenhosas de tal abordagem pode ser encontrada na introdução de Karl Barth a Feuerbach[24]. Variações disto encontram-se em distinções como "história profana" e "história da salvação" (uma dicotomia protestante por muito

---

23. Eu mesmo cheguei a fazer esta distinção em discussão anterior (cf. *The Precarious Vision*. Garden City, NY: Doubleday, 1961), que agora tenho de rejeitar.
24. FEUERBACH, L. *The Essence of Christianity*. Nova York: Harper, 1957, p. Xs.

tempo apreciada) ou, mais recentemente, entre *Historie* e *Geschichte* (um truque da Escola de Bultmann que infelizmente perde muito de sua força de persuasão na tradução do alemão para qualquer outra língua).

A "história profana" refere-se ao curso ordinário dos eventos, como pode ser estudado pelo historiador; a "história sagrada" é a narração dos atos de Deus no mundo, que somente podem ser apreendidos na perspectiva da fé. *Historie* refere-se a fatos históricos reais, enquanto que *Geschichte* refere-se a ocorrências na existência do indivíduo crente, a quem os acontecimentos históricos servem como que de símbolo. Por exemplo, o historiador pode descobrir todo tipo de coisas sobre Jesus de Nazaré. Todos estes achados históricos são tidos no final como irrelevantes, pois só a fé pode compreender que Jesus é Cristo, ou porque a coisa realmente importante não é o Jesus histórico, mas o Cristo experienciado na existência do cristão que crê. A razão por que este tipo de raciocínio não funciona é dupla: a diferenciação é sem sentido para o investigador empírico – "fé cristã" é somente uma outra variante do fenômeno "religião", "história da salvação" é outra variante do fenômeno histórico como tal, e assim por diante. A diferenciação pressupõe uma saída prévia da esfera empírica, e, portanto, não pode ser utilizada para resolver um problema que se levanta de dentro desta esfera. Segundo, o chão firme é dado por Deus, "por graça somente", e não é alcançável pelo homem, o que nos deixa, de forma singular, sem esteios, se já não estivermos convencidos de que estamos plantados nesse chão, caso contrário, inevitavelmente teremos que pedir informações para chegarmos lá. Tais informações não são prováveis nesta abordagem teológica e não podem ser pela sua própria lógica. Este tipo de esforço para resolver o problema da relatividade repete curiosamente a velha doutrina calvinista da eleição – você não chega lá, a não ser que de lá comece. Segue-se que aqueles dentre nós que não tiverem este sentido particular de eleição têm que se resignar à condenação intelectual ou procurar outro método.

Qualquer que seja este método terá de incluir uma disposição interior de ver o assunto da relatividade até suas últimas consequências. Isto significa desistir de qualquer pretensão *a priori* de imunidade (quer no sentido neo-ortodoxo acima mencionado, quer na maneira liberal mais antiga de tentar permitir ao dragão relativizador chegar "até aí, mas não mais longe"). Parece, no entanto, que, quando a operação está completa, acontece algo um tanto estranho. Quando tudo tiver sido agrupado sob as categorias relativizantes em pauta (as categorias da história, da sociologia do conhecimento ou do que você quiser), a questão da verdade se reafirma numa simplicidade quase que primitiva. Uma vez que sabemos que todas as afirmações humanas estão sujeitas a processos sócio-históricos cientificamente inteligíveis, *que afirmações são verdadeiras e que afirmações são falsas?* Não podemos evitar a pergunta como não podemos retornar à inocência do seu perguntar pré-relativizante. Esta perda de inocência, contudo, é responsável pela diferença entre fazer a pergunta antes e depois de termos passado pelo "riacho de fogo".

O ponto pode ser ilustrado pelo exame da recente teologia "radical" ou "secular" que toma como ponto de partida e como critério final a suposta consciência do homem moderno. Prossegue então relativizando a tradição religiosa, atribuindo-a, em parte ou em sua totalidade, a uma consciência que já é passada, "não mais possível a nós", e traduzindo-a, parcial ou totalmente, em termos que supostamente são consoantes com a pretendida consciência moderna. Um exemplo importante disto é o programa de "desmitologização" de Rudolf Bultmann, que começa com a premissa de que ninguém que usa a eletricidade e ouve rádio pode ainda acreditar no mundo dos milagres do Novo Testamento e termina por traduzir os elementos-chave da tradição cristã nas categorias do existencialismo. Essencialmente o mesmo procedimento caracteriza todos os teólogos desta tendência, embora variem em métodos (alguns, p. ex., em vez do existencialismo preferem a filosofia da linguagem ou a psicologia de Jung).

Não estou preocupado, por ora, com a viabilidade do processo de tradução nem com a validade empírica premissa a respeito do homem moderno, mas antes com o oculto *padrão duplo* que pode ser posto de maneira bastante simples: o *passado*, do qual vem a tradição, é relativizado em termos desta ou daquela análise sócio-histórica. O *presente*, entretanto, permanece estranhamente imune da relativização. Em outras palavras, os escritores do Novo Testamento são vistos como atingidos por uma falsa consciência, enraizada no seu tempo, mas o analista contemporâneo toma a consciência de *seu* tempo como bênção intelectual pura. Os que usam a eletricidade e o rádio são postos intelectualmente acima do Apóstolo Paulo.

Isto até que é engraçado. Mais importante, na perspectiva da sociologia do conhecimento, é uma maneira, extraordinariamente unilateral, de olhar as coisas. O que era bom para o século I é bom para o século XX. A visão do mundo dos escritores do Novo Testamento era construída e mantida pelo mesmo tipo de processos sociais que constroem e mantêm a visão do mundo dos teólogos "radicais" contemporâneos. Cada um tem sua estrutura de plausibilidade adequada, seus mecanismos mantenedores desta plausibilidade. Se se compreender isto, então o apelo a qualquer suposta consciência moderna perde seu maior sentido de persuasão – a não ser, é claro, que alguém se convença a acreditar que a consciência moderna é realmente a corporificação de poderes cognitivos superiores. Alguns podem conseguir isto em relação aos filósofos e psicólogos modernos. É difícil realizar uma tal façanha de fé em relação ao consumidor médio de eletricidade e da moderna *Weltanschauung*. Tem-se a terrível suspeita de que o Apóstolo Paulo possa ter tido cognitivamente vantagem, afinal de contas. Como resultado de tais considerações dá-se uma mudança importante no argumento sobre a suposta morte do sobrenatural na sociedade contemporânea. As pressuposições empíricas do argumento podem ser deixadas intactas. Em outras palavras, pode-se admitir que há no mundo moderno um certo tipo de consciência que tem dificuldades com o sobrenatural. A afirmação, contudo, permanece no nível da diagnose sócio-histórica. A condição diagnosticada *não é* por causa disto elevada à posição de um critério absoluto; a situação contemporânea não está imune à análise relativizadora. Poderíamos dizer que a consciência contemporânea é desta ou daquela forma, ficamos com a questão de saber se lhe daremos nosso assentimento. Poderíamos concordar, digamos, com o fato de a consciência contemporânea ser incapaz de conceber anjos ou demônios. Ainda ficamos com a questão de saber se, talvez, anjos e demônios não continuam a existir, apesar desta incapacidade de nossos contemporâneos em concebê-los.

Um traço (talvez literalmente) redentor da perspectiva sociológica é que a análise relativizadora, ao ser levada até suas últimas consequências, redobra-se sobre si mesma. Os relativizadores são relativizados, os desencantadores são desencantados – realmente, a própria relativização é de alguma forma liquidada. O que se segue *não é*, como alguns dos primeiros sociólogos do conhecimento temiam, uma total paralisia do pensamento. Antes, é uma nova liberdade e flexibilidade em fazer perguntas sobre a verdade.

No que tange à crise religiosa contemporânea, a sociologia do conhecimento pode ir além da afirmação deste princípio geral. Ela pode lançar luz sobre as causas da crise de credibilidade da religião em nossos dias; isto é, pode relativizar os relativizadores em termos muito mais específicos, evidenciando os traços salientes de *sua* estrutura de plausibilidade. O traço mais importante a compreender aqui é o do *pluralismo* moderno, que neste contexto significa qualquer situação na qual há mais do que uma visão do mundo à disposição dos membros de uma sociedade, isto é, uma situação na qual há competição entre visões do mundo[25].

Como tentei mostrar, as visões do mundo permanecem firmemente ancoradas em certezas subjetivas, enquanto são sustentadas por consistentes e contínuas estruturas de plausibilidade. No caso de consistência e continuidade ótimas, assumem o caráter de certezas inquestionadas e inquestionáveis. As sociedades variam em sua capacidade de fornecer tais estruturas firmes de plausibilidade. Como regra geral rígida, pode-se dizer que a capacidade diminui continuamente à medida que se chega mais perto das modernas sociedades industriais. Uma tribo primitiva o faz muito melhor do que uma cidade antiga. A cidade antiga, porém, está ainda bem melhor aparelhada para produzir certezas do que nossas próprias organizações sociais. As sociedades modernas são, por sua própria natureza, altamente diferenciadas e segmentadas, enquanto que ao mesmo

---

25. Cf. BERGER, P. & LUCKMANN, T. "Secularization and Pluralism". Op. cit. Alguns aspectos sociopsicológicos desta interpretação do pluralismo são derivados do trabalho dos sociólogos alemães contemporâneos, Arnold Gehlen e Helmut Schelsky.

tempo proporcionam altíssimo grau de comunicação entre suas sociedades segmentadas. As razões disto, embora complexas, de maneira alguma são misteriosas. Resultam do grau de divisão do trabalho trazido pelas formas industriais de produção, e dos padrões de estabelecimento, estratificação social e comunicação engendrados pelo industrialismo. O indivíduo experimenta estes padrões em termos e processos de socialização diferenciados e segmentados que na maioria das vezes começa na primeira infância. À medida que cresce, descobre que tem de desempenhar muitos papéis diferentes, muitas vezes bastante discrepantes, vendo-se assim obrigado a separá-los uns dos outros, uma vez que todos eles não são igualmente adequados às diferentes partes de sua vida social. E, como resultado de tudo isto, ele chega a manter um afastamento ou distância interior com respeito a alguns destes papéis – isto é, desempenha alguns deles contra a vontade. Por exemplo, em sua família, vê-se forçado a conformar-se às maneiras e princípios da vida de classe média, enquanto que em companhia de seus companheiros é pressionado a ignorar estas características "quadradas". À medida que se associar à sua família e a seus companheiros, terá então de fazer papéis altamente discrepantes em ocasiões diferentes. Se identificar seu ser "real" com sua família, conformar-se-á "só superficialmente" aos costumes de seus companheiros; se, o que é mais provável, se identificar mais plenamente com seus companheiros, "só representará" diante de sua família. Em ambos os casos haverá alguns papéis que são representados contra a vontade, "fingidamente", "superficialmente" – isto é, com desligamento interior.

Inevitavelmente, isto levará a uma situação em que a maioria das estruturas de plausibilidade são parciais e consequentemente fracas. Elas organizam somente parte do mundo do indivíduo e não possuem o caráter compulsório das estruturas tidas como "naturais", inevitáveis, autoevidentes. A maioria dos indivíduos em sociedades primitivas ou arcaicas vivia em instituições sociais (como tribos, clãs ou mesmo *polis*) que abarcavam praticamente todas as relações significantes que tinham com outras pessoas. O indivíduo moderno existe numa pluralidade de mundos migrando de um lado a outro entre estruturas de plausibilidade rivais e muitas vezes contraditórias, cada uma sendo enfraquecida pelo simples fato de sua coexistência involuntária com outras estruturas de plausibilidade. Além dos "outros significantes" que confirmam a realidade, há sempre e em toda a parte "aqueles outros", incômodos refutadores, descrentes – talvez o incômodo moderno por excelência.

Esta pluralização de mundos socialmente disponíveis foi de importância especial para a religião, aqui igualmente de modo algum por razões misteriosas, sendo a mais decisiva a Reforma Protestante e seus cismas suplementares. É esta pluralização, ao invés de uma misteriosa queda intelectual da graça, que considero a mais importante causa da decrescente plausibilidade das tradições religiosas. É relativamente fácil, falando sociologicamente, ser católico numa situação social onde se pode, sem dificuldade, limitar os outros significantes a colegas católicos, onde realmente se tem pouca possibilidade de escolha e onde todas as principais forças institucionais estão montadas para sustentar e confirmar um mundo católico. O negócio é bem diferente numa situação em que a gente tem de se acotovelar, dia após dia, com toda a variedade possível de "aqueles outros", bombardeada por comunicações que negam ou ignoram as ideias católicas e onde é terrivelmente difícil até de encontrar algum canto católico silencioso para se refugiar. É muito, muito difícil estar cognitivamente *entre nous* na sociedade moderna, especialmente na área da religião. É este simples fato sociológico, e não alguma mágica inexorável de uma visão "científica" do mundo, que está na base da crise religiosa da plausibilidade.

O mesmo fato explica amplamente por que não é "mais possível" acreditar nos milagres do Novo Testamento ou acreditar muito em qualquer coisa religiosa. As afirmações religiosas são filtradas do nível da certeza aceita como tal até ao nível da mera crença, opinião, ou (um termo que eloquentemente expressa o de que aqui se trata) "preferência religiosa". A situação pluralista não só dá ao indivíduo uma oportunidade de escolha, mas o força a escolher. Justamente por isto torna muito difícil a chegada à certeza religiosa. É instrutivo relembrar que o sentido literal da palavra *haeresis* é "escolha". Num sentido muito real, toda comunidade religiosa numa situação pluralista se torna uma "heresia", com toda a sutileza social e psicológica que o termo sugere. Em outras palavras, o usuário contemporâneo do rádio não está tolhido em sua capacidade de fé pelo conhecimento e tecnologia científicos que produziram o seu rádio. Quase com certeza, ele não tem ideia deste conhecimento e tecnologia e não poderia preocupar-se muito com isto. Mas é tolhido pela multiplicidade de ideias e noções sobre o mundo no qual o mergulham o seu rádio e outros meios de comunicação. E mesmo que possamos compreender e simpatizar com sua situação difícil, não há razão alguma para ficarmos admirados com isto.

Resumindo, a perspectiva da sociologia, particularmente da sociologia do conhecimento, pode ter um efeito definitivamente libertador. Enquanto outras disciplinas nos livram do peso morto do passado, a Sociologia nos livra da tirania do presente. Uma vez que compreendemos nossa situação em termos sociológicos, ela deixa de nos impressionar como uma fatalidade inexorável. É claro, ainda não podemos magicamente pular fora de nossa pele. As forças de nossa situação agem sobre nós, mesmo se as compreendermos, porque somos seres sociais e continuamos a ser mesmo quando nos tornamos sociólogos. Mas pelo menos conseguimos certo grau de libertação das certezas de nosso tempo, aceitas sem questionamento. O historiador alemão Ranke disse que "cada época é imediata a Deus", querendo com isto rejeitar o progressismo vulgar que vê o seu próprio momento na história, como o auge da história. A perspectiva da sociologia aumenta nossa capacidade de investigar toda e qualquer verdade que cada época possa ter descoberto na sua peculiar "imediatez a Deus".

Enquanto tudo isto, penso eu, é uma considerável conquista intelectual, gostaria de ir além e sugerir que a visão toda da religião como produto ou projeção humanos poderia uma vez mais ser invertida, e que nesta inversão jazeria um método teológico viável em resposta ao desafio da sociologia. Se eu estiver certo nisto, aqui caberia uma grande piada sobre Feuerbach.

Feuerbach considerava a religião como uma enorme projeção do próprio ser do homem, isto é, do homem em ponto grande. Propôs, portanto, reduzir a teologia à antropologia, isto é, explicar a religião em termos de sua realidade humana subjacente. Agindo assim, Feuerbach apossou-se da noção de dialética de Hegel, mas mudou-lhe profundamente o significado. O conceito de dialética em Hegel, como em qualquer outra parte, refere-se a uma relação recíproca entre um sujeito e seu objeto, uma "conversa" entre a consciência e o que quer que esteja fora dela. A noção foi primeiramente desenvolvida em Hegel num contexto teológico, sendo a "conversa", no final, entre o homem e Deus. Com Feuerbach, era uma "conversa" entre o homem e as próprias produções do homem. Dito de outra forma, em vez de um diálogo entre o homem e uma realidade sobre-humana, a religião tornou-se uma espécie de monólogo humano.

Poder-se-ia bem dizer que o tratamento da religião, não só por Marx e Freud, mas por toda a análise histórico-psicossociológica dos fenômenos religiosos a partir de Feuerbach, tem sido primariamente uma vasta elaboração da mesma concepção e do mesmo procedimento. Uma teoria sociológica da religião, particularmente se for empreendida no marco da sociologia do conhecimento, leva a suas últimas consequências a teoria feuerbachiana de religião como uma projeção humana, isto é, um produtor cientificamente cognoscível da história humana[26].

É importante lembrar-se de que Feuerbach, Marx e Freud, todos eles, inverteram a dialética hegeliana original. Seus adversários consideram a inversão como a colocação da dialética de cabeça para baixo, enquanto que os seus defensores a conceberam como a colocação dela de cabeça para cima, novamente sobre seus próprios pés. A escolha da imagem depende obviamente dos pressupostos últimos que alguém tem sobre a realidade. É logicamente possível, entretanto, que *ambas* as perspectivas possam coexistir, cada uma dentro de seu quadro particular de referência. O que parece como projeção humana numa, pode parecer como um reflexo de realidades divinas noutra. A lógica da primeira perspectiva não impede a possibilidade da segunda.

Uma analogia poderia ser útil para ilustrar este ponto. Se há qualquer empreendimento intelectual que pareça ser pura projeção da consciência humana, é a matemática. Um matemático pode estar completamente isolado de qualquer contato com a natureza e ainda assim continuar a construir universos

---

26. Para um desenvolvimento sistemático disto, cf. BERGER, P. *O dossel sagrado*. Op. cit.

matemáticos que brotam de sua mente como puras criações do intelecto humano. Entretanto, o mais assombroso resultado da moderna ciência natural é a reiterada descoberta (totalmente à parte desta ou daquela formulação matemática de processos naturais) de que a natureza também é em sua essência um tecido de relações matemáticas. Posto cruamente, a matemática que o homem projeta a partir de sua própria consciência corresponde de alguma maneira a uma realidade matemática que lhe é externa e que, realmente, sua consciência parece refletir. Como é isto possível? É possível, naturalmente, o próprio homem porque é parte desta mesma realidade global, assim que há uma afinidade fundamental entre as estruturas de sua consciência e as estruturas do mundo empírico. Projeção e reflexão são movimentos dentro de uma mesma realidade abarcadora.

O mesmo pode ser verdade em relação às projeções da imaginação religiosa do homem. Em todo caso, parece que qualquer método teológico, digno deste nome, deveria basear-se nesta possibilidade. Isto, o mais enfaticamente possível, *não* significa uma procura por fenômenos religiosos que de alguma forma se manifestarão como diferentes das projeções humanas. Nada está imune à relativização da análise sócio-histórica. O que quer que estes fenômenos representem, eles serão *também* projeções humanas, produtos da história humana, construções sociais empreendidas por seres humanos. O metaempírico não pode ser concebido como uma espécie de área encravada dentro do mundo empírico, ao menos não mais que a liberdade pode ser concebida como um furo no tecido da causalidade. A decisão teológica terá que ser que, "em, com e sob" a imensa roupagem das projeções humanas, há indicadores de uma realidade verdadeiramente "outra" que, no final, a imaginação religiosa do homem reflete.

Estas considerações indicam também um possível ponto de partida para a teologia, dificilmente o único, mas um ponto de partida capaz de enfrentar o desafio delineado acima. Este é o ponto de partida da antropologia, usando o termo no sentido global, como referindo-se ao empreendimento filosófico que se preocupa com a pergunta "O que é o homem?" Se as projeções religiosas do homem correspondem a uma realidade que é sobre-humana e sobrenatural, então parece lógico procurar vestígios desta realidade no próprio projetor. Não é para propor uma teologia empírica – o que seria logicamente impossível –, mas antes uma teologia de sensibilidade empírica muito aguda que buscasse correlacionar suas proposições com o que pode ser empiricamente conhecido. Na medida em que seu ponto de partida for antropológico, uma tal teologia voltará a algumas das preocupações fundamentais do liberalismo protestante – sem, espera-se, a condescendência para com os "eruditos desdenhadores da religião" e seus vários utopismos.

3 Possibilidades teológicas: começar com o homem

Se a antropologia é aqui entendida num sentido bem vasto, como qualquer investigação sistemática da constituição e condição do homem, ficará claro que qualquer tipo de teologia terá que incluir uma dimensão antropológica. Afinal, as proposições teológicas muito raramente tratam do divino em si mesmo ou de si mesmo, e sim em suas relações e significado para o homem. Até mesmo as especulações mais abstratas em relação à natureza da Trindade tiveram em seu ímpeto subjacente uma orientação muito mais salvífica do que teorética, isto é, elas partiram não de uma curiosidade desinteressada, mas da ardente preocupação pela redenção do homem. A verdadeira questão, pois, não é tanto saber se a teologia se relaciona com a antropologia – isto pouco poderia adiantar –, mas que tipo de relação existe.

O liberalismo protestante clássico no século XIX e até mais ou menos a Primeira Guerra Mundial preocupou-se com a antropologia porque procurava, de uma ou de outra maneira, derivar a verdade da tradição cristã dos dados da história humana. Na linha do espírito dessa época de uma civilização burguesa triunfante, sua antropologia era marcada por uma profunda confiança na racionalidade e perfectibilidade do homem, bem como pela fé na evolução progressiva da história do homem. Não seria de estranhar que esta posição otimista perdesse plausibilidade quando a crise da civilização burguesa se tornou mais aguda como consequência da Primeira Guerra Mundial. Os aspectos ingênuos e situacionais da antropologia liberal (nas suas formas religiosas, como seculares) tornaram-se todos eles por demais evidentes. Na medida em que a teologia neo-ortodoxa descobriu os lados superficiais e utópicos do liberalismo, seu protesto foi sem dúvida justificado e mesmo necessário. Isto, contudo, não torna válida sua própria orientação antropológica[27].

Uma das características-chave da reação neo-ortodoxa ao liberalismo teológico foi uma violenta rejeição de seus pontos de partida antropológicos e históricos. O liberalismo enfatizou os caminhos do homem para Deus, a neo-ortodoxia enfatizou os relacionamentos de Deus para com o homem. Já nenhuma experiência poderia servir como ponto de partida do empreendimento teológico senão a severa majestade da revelação de Deus que confrontou o homem como negação, julgamento e graça. A neo-ortodoxia ousava pronunciar uma vez mais um *Deus dixit* – "Assim falou o Senhor".

Em um sentido bem verdadeiro, a neo-ortodoxia, em seu impulso original, era antiantropológica. Não deveria haver aproximação dos homens a Deus, somente uma única aproximação, de Deus ao homem, por meio de uma revelação divina que era devida inteiramente à atividade de Deus e não de alguma forma enraizada na natureza ou condição do homem. Quaisquer afirmações antropológicas (como as afirmações sobre a pecaminosidade do homem) só poderiam ser feitas em termos desta

---

27. Há, naturalmente, uma vasta literatura sobre esses desenvolvimentos lógicos, mas uma das melhores análises em inglês ainda é MACKINTOSH, H.R. *Types of Modern Theology*. Dos trabalhos típicos em alemão, achei muito bom STEPHAN, H. & SCHMIDT, M. *Geschichte der deutschen evangelischen Theologie*.

revelação. Em outras palavras, uma antropologia podia ser deduzida teologicamente, mas não havia possibilidades indutivas *da* antropologia *à* teologia. Esta orientação foi, sem dúvida, mais forte nos primeiros trabalhos de Karl Barth com seu retorno radical ao pensamento centrado em Deus e baseado na revelação da Reforma Protestante. É neste contexto que se pode compreender a visão de Barth de que a linha divisória decisiva entre o protestantismo e o catolicismo é a atitude com relação à noção da *analogia entis* (a concepção escolástica de uma "analogia do ser" entre Deus e o homem) – o protestantismo, segundo Barth, tinha que pronunciar um "não" retumbante a esta noção.

A rigidez desta posição era excessiva até para muitos do movimento neo-ortodoxo. Nos anos de 1930 foi um outro teólogo suíço, Emil Brunner, em sua controvérsia com Barth, quem mais claramente representou a modificação da aversão neo-ortodoxa às considerações antropológicas. Significativamente, Brunner estava muito interessado no que ele chamou de *Anknüpfungspunkt* – o "ponto de contato" entre a revelação de Deus e a situação do homem. Este interesse, largamente fomentado por considerações práticas de evangelismo e cura d'almas, reintroduziu perspectivas antropológicas na posição neo-ortodoxa. Mas agora, logicamente, as proposições teológicas assumidas pelos teólogos tendiam a ser as que acentuavam a "perdição" e a miséria da condição humana. Pior o quadro do homem, maior a chance de tornar críveis (*anknüpfen*) as reivindicações da revelação. A melancólica antropologia do existencialismo era bem adequada a esse objetivo.

Posteriormente, sobretudo na América, foram acrescentadas as versões mais pessimistas da antropologia freudiana. Assim, conceitos como desespero, *Angst*, "prostração" tornaram-se termos especializados dos teólogos neo-ortodoxos. Por um tempo, parecia que o contraponto necessário à proclamação cristã era uma antropologia da desesperação – o homem, objeto da proclamação, era uma figura assassina, incestuosa, mergulhada em absoluta miséria, sem qualquer esperança a não ser a esperança da graça oferecida pela revelação de Deus.

Não é preciso dizer que uma tal antropologia poderia ser até adequada aos doze apocalípticos entre 1933 e 1945, e a alguns anos depois. Mas mesmo então havia alguns que se sentiam mal com a unilateralidade e mesmo alguns que, com Albert Camus, chegaram a sentir que "num tempo de pestilência" aprendemos "que há mais coisas a admirar nos homens do que a desprezar"[28].

A celebração da secularidade que assumiu o poder na teologia dos últimos anos, da qual *Honest to God* (1963), de John Robinson, e *The Secular City*, de Harvey Cox, foram pontos populares altos, naturalmente voltou-se para perspectivas antropológicas mais alegres. O estado moral de espírito achegou-se mais ao endosso do "divirta-se, divirta-se" que à anterior recomendação de estar tão na angústia quanto possível. O mundo social foi visto uma vez mais como uma arena de significativa ação para o melhoramento humano ao invés de um pântano de futilidades. E isto, novamente, tinha fortes raízes nas tendências intelectuais gerais da época. Afinal, até mesmo Jean-Paul Sartre voltou-se de seu fascínio pela suposta impossibilidade de amor para um comprometimento numa ação revolucionária transformadora do mundo. Esta inversão otimista pareceria ser uma condição necessária para a secularização do cristianismo. O teólogo secularizante deseja traduzir a tradição em termos que sejam imanentes a "este *éon*". Se de um tal empreendimento

---

28. CAMUS, A. *The Plague*. Nova York: Knopf, 1948, p. 278.

se espera um mínimo de atrativo, então "este *éon*" deve merecer um tal esforço. Bastante logicamente, noções como "autonomia", "homem que atingiu a maioridade" e mesmo "humanismo democrático" acabaram por ser substituídas por expressões anteriores da angústia existencial. Realmente, se olharmos para tudo isto com um pouco de distância, lembramo-nos vivamente do jogo infantil de mudar rapidamente de caretas – "agora estou chorando", "agora estou rindo" –, só as crianças não constroem uma filosofia para acompanhar cada fase do jogo.

Já foi anteriormente dito o bastante para indicar que, embora todos estejamos presos às circunstâncias em que nosso pensar se realiza, o que estamos propondo aqui é ao menos um pouco de emancipação desta sequência de "teologias emocionais". A sugestão de que o pensamento teológico retorne a um ponto de partida antropológico é motivada pela crença de que esta ancoragem na experiência humana fundamental possa oferecer alguma proteção contra os ventos constantemente mutáveis dos estados de espírito culturais. Não estou propondo um programa "mais relevante" ou uma nova datação de nossa situação intelectual ("pós-X" ou "neo-Y"). Ao invés, ouso esperar que haja possibilidades teológicas cujo âmbito de vida seja pelo menos um pouco mais longo do que a duração de qualquer crise cultural ou sociopolítica dos tempos.

O que poderia significar para a teologia um ponto de partida antropológico?

Não estou em condições de responder a esta pergunta, confrontando a vasta literatura sobre antropologia filosófica que se acumulou nas últimas décadas. Nem sou capaz de apresentar um projeto para um sistema teológico que possa surgir deste ponto de partida. Tais realizações cabem a filósofos e teólogos profissionais (ou talvez, quem sabe, a grupos que combinam ambos os tipos de especialidade). Mas é muito pouco satisfatório marcar tarefas para os outros. Muito modestamente, pois, e com consciência plena de todas as minhas limitações por demais evidentes, permitam-me dar algumas indicações da direção para a qual penso que a gente pode se mover.

Sugeriria que o pensamento teológico procurasse descobrir o que poderia ser chamado *sinais de transcendência* no âmbito da situação humana empiricamente dada. E sugeriria ademais que há *gestos humanos prototípicos* que podem constituir tais sinais. O que quer dizer isto?

Por sinais de transcendência quero significar fenômenos que se encontram no domínio da nossa realidade "natural", mas que parecem apontar para além desta realidade. Em outras palavras, não estou aqui usando transcendência no sentido filosófico técnico, mas no sentido literal, como transcendendo ao mundo normal do dia a dia, identificado por mim anteriormente com a noção de "sobrenatural". Por gestos humanos prototípicos quero significar certos atos ou experiências repetidos que aparecem como expressão de aspectos essenciais do ser humano, do animal humano como tal. *Não* quero significar o que Jung chamou de "arquétipos" – símbolos potentes enterrados fundo na alma inconsciente e comuns a todos os homens. Os fenômenos de que estou falando não são "inconscientes" e não têm que ser desenterrados das "profundezas" da alma; eles pertencem à consciência ordinária do dia a dia.

Um traço humano fundamental, que é de importância crucial na compreensão do empreendimento religioso do homem, é sua propensão para a ordem[29]. Como salienta o filósofo da história, Eric Voegelin, no começo de seu livro *Ordem e história*,

---

29. Cf. BERGER, P. *O dossel sagrado*. Op. cit., esp. os cap. 1 e 2.

sua análise das várias concepções humanas de ordem: "A ordem da história emerge da história da ordem. Toda sociedade tem a seu encargo a tarefa de, sob suas condições concretas, criar uma ordem que confira ao fato de sua existência um sentido em termos dos fins divinos e humanos"[30]. Qualquer sociedade histórica é uma ordem, uma estrutura de sentido protetora, levantada frente ao caos. Dentro desta ordem, a vida do grupo, bem como a vida do indivíduo, fazem sentido. Privados de tal ordem, o grupo e o indivíduo ficam ameaçados pelo terror mais fundamental, o terror do caos que Émile Durkheim chamou de *anomia* (literalmente, um estado de estar "sem-ordem".

Através de quase toda a história, os homens acreditaram que a ordem criada da sociedade, de uma maneira ou de outra, corresponde a uma ordem subjacente do universo, uma ordem divina que sustenta e justifica todas as tentativas humanas de pôr ordem. É claro, no entanto, que nem toda crença numa tal correspondência pode ser verdadeira, e uma filosofia da história pode, como a de Voegelin, ser uma investigação sobre a relação da verdadeira ordem com as diferentes tentativas humanas de ordenar. Esta é a fé humana na ordem como tal, uma fé intimamente relacionada com a confiança fundamental na realidade. Esta fé é experimentada não só na história das sociedades e civilizações, mas na vida de cada indivíduo – realmente, os psicólogos de crianças nos dizem que não pode haver maturação sem a presença desta fé no início do processo de socialização. A propensão do homem para a ordem está fundada numa fé ou confiança de que, em última análise, a realidade está "em ordem", está "tudo certo", está "como deve ser". Não é preciso dizer

---

30. VOEGELIN, E. *Order and History*. Vol. I. Baton Rouge: Editora da Universidade do Estado de Louisiana, 1956, p. IX ["Israel e a revelação"].

que não há método empírico pelo qual esta fé possa ser testada. Afirmá-la já é em si mesmo um ato de fé. Mas é possível proceder da fé enraizada na experiência ao ato de fé que transcende a esfera empírica, um procedimento que poderia ser chamado de *argumento da ordem*.

Neste sentido fundamental, cada gesto de pôr em ordem é um sinal de transcendência. Este é certamente o caso dos grandes gestos de pôr em ordem que o historiador da religião Mircea Eliade chamou de "nomizações" – como as cerimônias arcaicas pelas quais um certo território era solenemente incorporado a uma sociedade, ou a celebração, em nossa própria cultura, como nas mais antigas, do estabelecimento de um novo lar através do casamento de dois indivíduos. Mas é igualmente verdadeiro para ocorrências mais cotidianas. Considere o mais ordinário – e provavelmente o mais fundamental de todos – o gesto ordenador pelo qual a mãe tranquiliza seu filhinho espantado.

Uma criancinha acorda dentro da noite, talvez de um mau sonho, e se acha cercada pela escuridão, sozinha, assaltada por ameaças indescritíveis. Em tal momento, os contornos da realidade em que confiava estão obscurecidos ou invisíveis, e, no terror do caos que começa, a criança grita por sua mãe. Dificilmente se exageraria em dizer que, neste momento, a mãe está sendo invocada como uma sumo sacerdotisa da ordem protetora. É ela (e em muitos casos ela somente) que tem o poder de banir o caos e restaurar a forma benigna do mundo. E, é claro, qualquer boa mãe fará exatamente isto. Ela pegará a criança, a embalará no gesto atemporal da *magna mater* que se tornou nossa Madonna. Talvez ela acenda a luz que circundará o cenário com um brilho quente de luz tranquilizadora. Ela falará ou cantará para o filhinho e o conteúdo desta comunicação será invariavelmente o mesmo – "não fique com medo – tudo está em ordem – tudo está certo". Se tudo correr bem, a criança se tranquilizará, readquirirá confiança na realidade e nesta confiança voltará a adormecer.

Tudo isto, é claro, pertence às experiências mais rotineiras da vida e não depende de qualquer preconceito religioso. Entretanto, esta cena comum levanta uma interrogação longe de ser ordinária, introduzindo imediatamente uma dimensão religiosa: *Estaria a mãe mentindo à criança?* A resposta em seu sentido mais profundo pode ser "não", somente se houver alguma verdade na interpretação religiosa da existência humana. Inversamente, se o "natural" é a única realidade que existe, a mãe estará mentindo a seu filhinho – mentindo por amor seguramente, e, claro, *não* mentindo enquanto sua confiança estiver embasada no fato deste amor – mas, em última análise, mentindo de todo jeito. Por quê? *Porque a confiança reconquistada, transcendendo a dois indivíduos imediatamente presentes e sua situação, implica uma afirmação sobre a realidade como tal.*

Tornar-se pai é assumir o papel de construtor e protetor de mundos. Isto é verdade, naturalmente, no sentido óbvio de que os pais fornecem a ambiência na qual se realiza a socialização da criança e servem para ela de mediadores do universo todo da sociedade particular em questão. Mas isto é verdade também num sentido menos óbvio e mais profundo que foi apresentado na cena que acabei de descrever. O papel que um pai assume não só representa a ordem desta ou daquela sociedade, mas a ordem como tal, a ordem subjacente do universo, que faz sentido confiar. É este papel que poderia ser chamado de papel de sumo sacerdotisa. É um papel que a mãe nessa cena desempenha, querendo ou não, independentemente de ela mesma estar ciente ou (mais provavelmente) de não estar ciente do que exatamente está representando. *"Tudo* está em ordem, *tudo* está certo" – esta é a fórmula básica da confiança da mãe ou do pai. Não só esta angústia específica, não só esta dor específica – mas *tudo* está certo. A fórmula poderia, sem de alguma forma violá--la, ser traduzida numa afirmação de alcance cósmico: "Tenha confiança no ser". Isto é exatamente o que a fórmula significa intrinsecamente. E se devemos acreditar nos psicólogos de crianças (temos boas razões para fazê-lo neste particular), esta é uma experiência absolutamente essencial ao processo de tornar-se uma pessoa humana. Dito de outra maneira, no próprio centro do processo, de tornar-se plenamente humano, no cerne da *humanitas*, encontramos uma experiência de confiança na ordem da realidade. Seria esta experiência uma ilusão? Seria o indivíduo que a representa um mentiroso?

Se a realidade for coextensiva à realidade "natural" que nossa razão empírica pode apreender, então a experiência *é* uma ilusão e o papel que a corporifica *é* uma mentira. Pois então é perfeitamente claro que tudo *não* está em ordem, *não* está certo. O mundo no qual se diz para a criança confiar é o mesmo mundo no qual ela finalmente morrerá. Se não houver outro mundo, então a verdade última sobre este mundo é que finalmente ele matará a criança, bem como sua mãe. Isto, seguramente, não diminuiria a presença real do amor e seu consolo muito real; daria mesmo a este amor uma qualidade de trágico heroísmo. Todavia, a verdade final não seria amor, mas terror; não luz, mas trevas. O pesadelo do caos, não a segurança transitória da ordem, seria a realidade final da situação humana. Pois, no fim, todos temos de nos achar nas trevas, sozinhos com a noite que nos tragará. A face do amor confiante dobrando-se sobre nosso terror será então nada mais do que uma imagem da ilusão misericordiosa. Neste caso, a última palavra sobre a religião é a palavra de Freud. A religião é a fantasia infantil de que nossos pais governam o universo para nosso bem, uma fantasia da qual o indivíduo maduro deve livrar-se para atingir toda a resignação estoica de que for capaz.

Não é preciso dizer que o argumento acima não é um argumento moral. Não condena a mãe por esta charada de construção de mundos, se é que é uma charada. Não discute o direito dos ateus de serem pais (embora seja interessante notar que houve ateus que rejeitaram a paternidade exatamente por estas razões). O argumento de pôr em ordem é mais metafísico que ético. Para reafirmá-lo: na propensão humana observável de colocar ordem na realidade há um impulso intrínseco de dar um alcance cósmico a esta ordem, um impulso que implica não somente no fato de que a ordem humana corresponde de alguma maneira a uma ordem que a transcende, mas que esta ordem transcendente é de uma característica tal que o homem pode confiar-lhe o seu ser e o seu destino. Há uma variedade de papéis humanos que representam esta concepção da ordem, mas o mais fundamental é o papel parental. Todo pai (ou, de qualquer forma, todo pai que ama seu filho) toma sobre si mesmo a representação de um universo que está, no fundo, em ordem e é digno de confiança. Esta representação pode ser justificada somente dentro de um quadro de referência religioso (estritamente falando, sobrenatural). Neste marco de referência, o mundo natural dentro do qual nascemos, amamos e morremos, não é o único mundo, mas somente o primeiro plano de um outro mundo, no qual o amor não é aniquilado na morte e no qual, portanto, a confiança no poder do amor em banir o caos é justificada. Assim, a propensão ordenadora do homem encerra uma ordem transcendente e cada gesto ordenador é um sinal desta transcendência. O papel parental não esta baseado numa mentira amorosa. Ao contrário, é um testemunho da verdade última da situação do homem na realidade. Neste caso, é perfeitamente possível (mesmo se alguém estiver a isto inclinado, em termos freudianos) analisar a religião como uma projeção cósmica da experiência infantil da ordem protetora do amor parental. O que é projetado é, no entanto, em si mesmo um reflexo, uma mutação da realidade última. A religião, pois, não é só (do ponto de vista da razão empírica) uma projeção da ordem humana, mas (do ponto de vista do que poderíamos chamar de *fé indutiva*) a justificação fundamentalmente verdadeira da ordem humana.

Uma vez que o termo "fé indutiva" aparecerá uma porção de vezes, seu sentido deve ser explicado. Uso indução para significar qualquer processo de pensamento que começa com a experiência. Dedução é o processo inverso; começa com ideias que precedem a experiência. Por "fé indutiva", pois, quero dizer um processo religioso de pensamento que começa com fatos da experiência humana; inversamente, "fé dedutiva" começa com certas pressuposições (notadamente pressuposições sobre a revelação divina) que não podem ser testadas pela experiência. Ou, simplesmente, a fé indutiva vai da experiência humana para afirmações sobre Deus, a fé dedutiva de afirmações sobre Deus para interpretações da experiência humana.

Intimamente relacionadas, embora ainda distintas, as considerações que seguem são o que chamarei de *argumento do jogo*. Uma vez mais, como o demonstrou o historiador holandês Johan Huizinga, estamos aqui lidando com uma experiência básica do homem[31]. Elementos lúdicos podem ser encontrados em quase qualquer setor da cultura humana, a ponto de se poder afirmar

---

31. Cf. HUIZINGA, J. *Homo Ludens* – A Study of the Play Element in Culture. Boston: Beacon Press, 1955.

que a cultura como tal seria impossível sem esta dimensão. Um aspecto do jogo que Huizinga analisa com certo detalhe é o fato de que o jogo constrói um universo de raciocínio à parte, com suas regras próprias que suspendem "durante sua duração" as regras e pressuposições gerais do mundo "sério". Uma das suposições mais importantes que são assim suspensas é a estrutura do tempo da vida social comum. Quando alguém está jogando, encontra-se num tempo diferente; não mais medido pelas unidades-padrão da grande sociedade, mas pelas unidades particulares do jogo em questão. No mundo "sério" podem ser às 11 da manhã, em tal e tal dia, mês ou ano. Mas no universo em que estamos brincando pode ser a terceira volta, o quarto ato, o movimento *allegro* ou o segundo beijo. Jogando, a gente sai de um tempo e entra em outro[32].

Isto é verdade para todo jogo. Ele sempre constrói uma área encravada no mundo "sério" da vida social diária, bem como em sua cronologia. Isto é verdade também para o jogo que causa dor ao invés de alegria. Podem ser às 11 da manhã, digamos, mas no universo do torturador será novamente a hora de usar o aparelho de apertar os dedos do prisioneiro. No entanto, um dos traços mais difundidos do jogo é que, em geral, ele é uma atividade alegre. Realmente, quando deixa de ser alegre e se torna triste, ou mesmo rotina indiferente, tendemos a considerá-lo como uma perversão de seu caráter intrínseco. A alegria é a finalidade do jogo. Quando esta finalidade é realmente conseguida, em jogo alegre, a estrutura do tempo do universo do jogo assume uma qualidade muito específica – isto é, *torna-se eternidade*. Isto provavelmente é verdade para todas as experiências de alegria intensa, mesmo quando não envolvidas na realidade

---

32. Cf. SCHÜTZ, A. *Collected Papers*. Vol. I. Op. cit.

à parte do jogo. Esta é a intuição final do Zaratustra de Nietzsche no canto da meia-noite: "Toda alegria quer eternidade, quer profunda, profunda eternidade!"[33] Esta finalidade é, entretanto, particularmente evidente na alegria experimentada no jogo, precisamente porque o universo do jogo tem uma dimensão temporal que é mais do que momentânea e que pode ser percebida como uma estrutura distinta. Em outras palavras, no jogo alegre, parece como se alguém estivesse saindo não só de uma cronologia para outra, mas do tempo para a eternidade. Mesmo quando permanecemos conscientes da realidade pungente desse outro tempo "sério", no qual caminhamos em direção à morte, apreendemos a alegria como sendo, de alguma forma má e mal concebível, uma alegria para sempre. O jogo alegre parece suspender, ou colocar entre parênteses, a realidade da nossa "vida para a morte (como Heidegger adequadamente descreveu nossa "séria" condição).

É esta curiosa qualidade, que pertence a todo jogo alegre, que explica a libertação e paz que tal jogo proporciona. No começo da infância, é claro, a suspensão é inconsciente, uma vez que não há ainda consciência da morte. Mais tarde na vida, o jogo realiza uma repetição beatífica da infância. Quando os adultos brincam com genuína alegria, readquirem momentaneamente a ausência de morte da infância. Isto se torna muito evidente quando semelhante jogo se dá realmente em frente de um agudo sofrimento e morte. É isto que mexe com a gente, quando homens estão fazendo música numa cidade que está sendo bombardeada ou um homem resolvendo problemas de matemática em seu leito de morte. C.S. Lewis, num sermão

---

33. NIETZSCHE, F. "Alle Lust will Ewigkeit – will tiefe, tiefe Ewigkeit!" *Also sprach Zarathustra*. Leipzig: Kroener, 1917, p. 333.

proferido no começo da Segunda Guerra Mundial, pôs isto de forma eloquente: "A vida humana foi sempre vivida à beira de um precipício... Os homens... expõem teoremas matemáticos em cidades sitiadas, fazem argumentos metafísicos em celas de condenados, fazem piadas nos cadafalsos, discutem o último poema enquanto avançam para os paredões de Québec e penteiam o cabelo nas Termópilas. Isto não *é verve*: é a nossa natureza"[34]. É a nossa natureza porque, como Huizinga sugere, o homem é profundamente *homo ludens*. É sua constituição lúdica que lhe permite, mesmo nas Termópilas, readquirir e realizar a alegria sem morte de sua infância.

Algumas crianças estão brincando de amarelinha no parque. Elas estão completamente concentradas em seu jogo, fechado ao mundo fora dele, felizes em sua concentração. O tempo parou para elas – ou, mais precisamente, desfaleceu nos movimentos do jogo. O mundo externo, durante a duração do jogo, deixou de existir. E, por implicação (embora as crianças possam não estar bem conscientes disto), dor e morte, que são a lei deste mundo, também deixaram de existir. Mesmo o adulto que observa esta cena, e que talvez tenha plena consciência da dor e da morte, é momentaneamente puxado para dentro desta imunidade beatífica.

No jogo dos adultos, pelo menos em certas ocasiões, a suspensão do tempo e do mundo "sério" no qual se vive e se morre torna-se explícita. Um pouco antes de as tropas soviéticas ocuparem Viena em 1945, a orquestra filarmônica de Viena deu um de seus concertos programados. Havia luta bem perto da cidade e os frequentadores podiam ouvir o barulho dos fuzis a distância. A entrada do exército soviético interrompeu a programação

---

34. LEWIS, C.S. *The Weight of Glory*. Grand Rapids, Mich.: Eerdmans, 1965, p 44s.

dos concertos – se não me engano, por uma semana. Então, os concertos recomeçaram, como programados. No universo deste jogo particular, os acontecimentos que despedaçaram o mundo com a invasão soviética, a derrubada de um império e o surgimento cataclísmico de outro significaram uma pequena interrupção do programa. Era este simplesmente um caso de frieza, indiferença ao sofrimento? Talvez para algumas pessoas, mas basicamente eu diria que não. Era antes uma afirmação do triunfo final de todos os gestos humanos da beleza criadora sobre os gestos da destruição e mesmo sobre a fealdade da guerra e da morte.

A lógica do argumento do jogo é muito parecida com a do argumento da ordem. A experiência do jogo alegre não é algo que precise ser procurado em alguma margem mística da existência. Pode ser facilmente encontrada na realidade da vida ordinária. No entanto, no âmbito desta realidade experimentada, constitui um sinal de transcendência, porque sua finalidade intrínseca aponta para além de si mesma e para além da "natureza" humana para uma justificação "sobrenatural". Aqui, de novo, é perfeitamente claro que esta justificação não pode ser empiricamente provocada. Realmente, a experiência pode plausivelmente ser interpretada como uma misericordiosa ilusão, uma regressão à mágica infantil (ao longo das linhas, digamos, da teoria freudiana da fantasia desejosa). A justificação religiosa da experiência só pode ser alcançada num ato de fé. O ponto, porém, é que esta fé é indutiva – não descansa numa revelação misteriosa, mas no que experimentamos em nossa vida comum, do dia a dia. Todos os homens experimentaram a ausência de morte da infância e podemos supor, mesmo se só uma ou duas vezes, todos os homens experimentaram uma alegria transcendente na idade adulta. Sob o aspecto da fé indutiva, a religião é a justificação última da infância e da alegria, e de todos os gestos que as repetem.

Outro elemento essencial da situação humana é a esperança, e há um *argumento da esperança* dentro da mesma lógica da fé indutiva. Na antropologia filosófica recente, este elemento foi particularmente acentuado pelo filósofo francês Gabriel Marcel (no contexto de um existencialismo cristão) e pelo filósofo alemão Ernst Bloch (num contexto marxista). Alguns teólogos, influenciados por Bloch, pegaram este tema em seus diálogos com o marxismo[35].

Bloch acentua que o ser do homem não pode ser adequadamente entendido a não ser em conexão com sua indomável propensão a esperar pelo futuro. Como marxista, é claro que Bloch relaciona esta propensão à esperança revolucionária de transformar o mundo para um melhoramento humano. Alguns teólogos argumentaram que tal esperança é também a essência do cristianismo (e, incidentalmente, que por isso os cristãos deveriam não necessariamente ser antirrevolucionários). Aqui não é o lugar para discutirmos estes desenvolvimentos, embora se deva dizer que o argumento é compatível com eles, mas não diretamente devido a eles[36].

---

35. Entre os católicos, por Karl Rahner; entre os protestantes, por Jürgen Moltmann e Wolfhart Pannenberg.

36. Esses desenvolvimentos teológicos são muito importantes, não só por causa da atenção específica que dão ao fenômeno da esperança, mas porque tomam a sério a possibilidade de um ponto de partida antropológico para a teologia. Parece-me, no entanto, que a ênfase na esperança como *o* elemento antropológico teologicamente relevante é por demais estreito. Isto provavelmente pode ser devido a duas circunstâncias – entre os protestantes, o interesse em afirmar, contra a neo-ortodoxia, a historicidade empírica da religião cristã (que é então relacionada à esperança como um modo essencial da "estupidez" do homem) – entre os protestantes e católicos, a elaboração destas ideias no diálogo com o marxismo (na qual a esperança cristã é destacada contra a escatologia marxista). Sou contra o tratamento neo-ortodoxo da história empírica, bem como contra a preocupação por um diálogo com o marxismo, mas ainda insistiria num enfoque antropológico muito mais vasto.

A existência humana está sempre orientada para o futuro. O homem existe por estender constantemente seu ser para o futuro, tanto em sua consciência como em sua atividade. Dito de outra forma, o homem se realiza em projetos. Uma dimensão essencial desta "futuridade" do homem é a esperança. É através da esperança que os homens superam qualquer situação do aqui e agora. E é através da esperança que os homens encontram sentido diante de sofrimentos externos. Um ingrediente-chave da maioria (mas não de todas) das teodiceias é a esperança. O conteúdo específico de uma tal esperança varia. Nos primeiros períodos da história humana, quando o conceito do indivíduo e de seu valor único não era ainda tão agudamente definido, esta esperança era comumente investida no futuro do grupo. O indivíduo podia sofrer e morrer, ser derrotado em seus projetos mais importantes, mas o grupo (clã, tribo ou povo) continuaria a viver e acabaria vencendo. Às vezes, é claro, as teodiceias baseavam-se na esperança de uma vida individual após a morte, na qual os sofrimentos desta vida terrestre seriam justificados e deixados para trás. Através da maior parte da história, as teodiceias da esperança, tanto coletivas como individuais, foram legitimadas em termos religiosos. Sob o impacto da secularização, as ideologias da esperança intramundana distinguiram-se como teodiceias (sendo a marxista a mais importante ultimamente). Em todo caso, a esperança humana sempre se afirmou a si mesma mais intensamente diante de experiências que pareciam significar completa derrota, acima de tudo diante da derrota final da morte. Assim as manifestações mais profundas da esperança devem ser encontradas em gestos de coragem feitos em desafio à morte.

A coragem, naturalmente, pode ser exibida por indivíduos comprometidos em qualquer tipo de causa – boa, ruim ou indiferente. Uma causa não é justificada pela coragem de seus proponentes. Afinal, houve alguns nazis muito corajosos. O tipo de coragem em que estou aqui interessado está ligado às esperanças de criação, justiça ou compaixão humanas; isto é, ligada a outros gestos da *humanitas* – o artista que, apesar de todos os contratempos e mesmo sem saúde, se esforça para terminar seu ato criador, o homem que arrisca sua vida para defender ou salvar vítimas inocentes da opressão; o homem que sacrifica seus próprios interesses e conforto para vir em ajuda de seus companheiros aflitos. Não há necessidade de ilustrar o ponto com mais exemplos. É o bastante dizer que é este tipo de coragem e esperança que tenho em mente neste argumento.

Defrontamo-nos, pois, aqui uma vez mais, com fenômenos observáveis da situação humana, cuja finalidade intrínseca parece ser uma desvalorização ou mesmo negação da realidade da morte. Uma vez mais, sob o aspecto da fé indutiva, estes fenômenos são sinais de transcendência, flechas que apontam para uma interpretação religiosa da situação humana. Os psicólogos nos dizem (sem dúvida, corretamente) que, embora possamos temer nossa própria morte, não podemos realmente imaginá-la. Nosso ser mais profundo recua diante da imagem e até mesmo o distanciamento teórico parece ser pego nesta incapacidade fundamental. É em parte baseado nisto que Sartre criticou o conceito de Heidegger do "viver para a morte", argumentando que fundamentalmente somos incapazes de tal atitude. A única morte que podemos experienciar, sustenta Sartre, é a morte dos outros; nossa própria morte nunca pode ser parte de nossa experiência e escapa mesmo de nossa imaginação. Entretanto, é precisamente diante da morte dos outros, e especialmente dos que amamos, que nossa rejeição da morte se afirma a si mesma de modo mais alto. É aqui de modo especial que tudo o que somos reclama por uma esperança que refute o fato empírico.

Pareceria, pois, psicologicamente (no fracasso de se imaginar a própria morte) e moralmente (na sua negação violenta da morte dos outros) que um "não!" à morte está profundamente enraizado no próprio ser do homem.

Esta recusa deve ser encontrada em algo mais do que Karl Jaspers chamou de "situações marginais" da vida humana – experiências extremas como uma doença crítica, guerra e outras catástrofes naturais ou sociais. Há, é claro, expressões triviais de esperança que não contêm esta dimensão – "Espero que tenhamos bom tempo para nosso piquenique". Mas toda esperança que, de alguma forma, envolva o indivíduo como um todo, já implicitamente contém esta recusa radical: "Espero terminar meu trabalho como cientista, o melhor que posso"; "Espero ter sucesso em meu casamento"; "Espero ser corajoso, quando tiver de levantar minha voz contra a maioria". Todas estas esperanças encerram uma recusa radical a capitular diante da inevitabilidade da morte. Afinal, mesmo quando expresso estas esperanças limitadas, sei que talvez morra antes que meu trabalho esteja pronto, que a mulher que desposo, talvez agora mesmo, seja atacada por uma doença fatal, ou que algumas maiorias, se ofendidas bastante, talvez me matem. A negação da morte implícita na esperança se torna mais clara, naturalmente, em casos extremos: "Espero terminar meu trabalho, o melhor que posso, apesar da guerra que está por destruir minha cidade"; "Eu vou me casar com esta mulher, apesar daquilo que o médico acabou de me dizer sobre sua condição"; "Vou dizer o que penso, apesar dos planos assassinos de meus inimigos".

Novamente, é muito claro que ambos os aspectos, psicológico e moral, de uma tal negação podem ser explicados dentro dos limites da razão empírica. Nosso medo da morte está instintivamente enraizado e presumivelmente tem um valor de sobrevivência biológica no processo da evolução. A paralisia psicológica diante do pensamento de nossa própria morte pode ser plausivelmente explicada em termos da combinação do recuo instintivo diante da morte e o conhecimento peculiarmente humano da sua inevitabilidade. A recusa moral em aceitar a morte dos outros pode igualmente ser explicada de forma plausível como nada mais do que uma "racionalização" (no sentido freudiano) de forças instintivas e psicológicas. Nesta perspectiva, a negação da morte e qualquer manifestação de esperança (religiosa ou outra) que corporifique esta negação é um sintoma de "criancice". Este, realmente, foi o tema central da análise que Freud fez da religião. Contra tais esperanças "infantis" levanta-se a aceitação "madura" daquilo que é tido como a realidade última, uma atitude essencialmente estoica que, no caso de Freud, Philip Rieff chamou com propriedade de "ética da honestidade"[37]. Quase não se precisa dizer que este tipo de estoicismo merece o mais profundo respeito e, de fato, constitui uma das mais impressionantes atitudes de que o homem é capaz. A coragem tranquila de Freud frente à barbárie nazista e em sua própria última doença pode ser citada como um primoroso exemplo desta realização humana.

No entanto, os conceitos gêmeos de "criancice" e "maturidade" estão baseados numa escolha metafísica *a priori* que não se segue necessariamente dos fatos em questão. A escolha nem mesmo segue necessariamente se estivermos convencidos (o que, acrescente-se, eu não estou) pela interpretação freudiana da gênese psicológica da esperança negadora da morte. O "não" do homem à morte – seja no medo frenético de sua própria

---

37. RIEFF, P. *Freud* – The Mind of the Moralist. Garden City, NY: Doubleday-Anchor, 1961, p. 329s.

aniquilação, na afronta moral pela morte de outrem que nos é querido ou nos atos de coragem e sacrifício próprio que desafiam a morte – parece ser um constituinte intrínseco de seu ser. Parece haver uma esperança recusadora da morte no próprio cerne de nossa *humanitas*. Enquanto a razão empírica indica que esta esperança é uma ilusão, há algo em nós que, embora envergonhado numa época de racionalidade triunfante, continua a dizer "não!" e ainda "não!" às contínuas explicações tão plausíveis da razão empírica.

Num mundo onde o homem está cercado de todos os lados pela morte, ele continua um ser que diz "não!" à morte – e através deste "não!" é levado à fé num outro mundo, cuja realidade valida sua esperança como algo diferente da ilusão. É-se tentado a pensar aqui numa espécie de redução cartesiana, na qual finalmente se chega a um fato radical da consciência que diz "não!" à morte e "sim" à esperança. Em todo o caso, o argumento da esperança segue a direção lógica da indução a partir daquilo que é empiricamente dado. Começa com a experiência, mas toma a sério aquelas implicações ou finalidades dentro da experiência que a transcendem – e as toma novamente como sinais de uma realidade transcendente.

A fé indutiva reconhece a onipresença da morte (e assim a futilidade da esperança) na "natureza", mas toma em consideração também as finalidades dentro de nossa experiência "natural" da esperança, que apontam em direção a uma realização "sobrenatural". Esta reinterpretação de nossa experiência abarca, mais do que contradiz, as várias explicações da razão empírica (sejam elas psicológicas, sociológicas, ou o que quer que seja). A religião, ao justificar esta reinterpretação, é a justificação última da esperança e da coragem, como é a justificação última da infância e da alegria. Por isso mesmo, a religião justifica os gestos nos quais a esperança e a coragem são corporificadas em ações humanas – inclusive, de acordo com certas condições, os gestos da esperança revolucionária e, na ironia última da redenção, a coragem da resignação estoica.

Um tipo um tanto diferente de raciocínio acha-se envolvido no que chamarei de *argumento da condenação*. Isto se refere a experiências nas quais nosso senso por aquilo que é humanamente permissível é tão fundamentalmente ultrajado que a única resposta adequada à ofensa, bem como ao ofensor, parece ser uma maldição de dimensões sobrenaturais. Deliberadamente escolho esta forma negativa de raciocínio, contra o que, à primeira vista, poderia parecer ser um argumento mais óbvio, partindo de um senso positivo de justiça. O argumento da justiça, naturalmente, nos levaria ao campo das teorias da "lei natural", onde não quero entrar a esta altura. Como muito bem se sabe, estas teorias foram particularmente desafiadas pelas intuições relativizantes, tanto do historiador como do cientista social, e, embora ache que tais desafios podem ser enfrentados, este não é o lugar para tratar da questão. A forma negativa do argumento faz com que a noção intrínseca do senso humano de justiça surja de maneira muito mais aguda como sinal de transcendência acima e para além das relatividades sócio-históricas.

A discussão ética e legal que cercou, e ainda cerca, os julgamentos dos criminosos de guerra nazistas, ofereceu a todos que pensam, pelo menos nos países ocidentais, uma oportunidade triste de refletir sobre esses assuntos. Não tratarei aqui nem da dolorosa pergunta "Como seres humanos podem fazer tais coisas?" nem da pergunta prática de como a instituição legal deve lidar com um mal deste alcance. Na América, estas perguntas foram proveitosamente debatidas após a publicação de *Eichmann em Jerusalém*, de Hannah Arendt, e não desejo contribuir aqui para este debate. O que me interessa no momento não é como explicar Eichmann ou como ele deveria ter sido tratado, e sim *o caráter e a intenção de nossa condenação* de Eichmann. Pois aqui está um caso (como a escritora Arendt mostrou, principalmente nas últimas páginas de seu livro) em que a condenação pode ser postulada como uma necessidade absoluta e compulsória, independentemente de como o caso for explicado ou das consequências práticas que alguém quisesse tirar dele. Realmente a recusa em condenar em termos absolutos pareceria oferecer uma gritante evidência não só de um profundo fracasso na compreensão da justiça, mas, muito mais profundamente, de uma diminuição fatal da *humanitas*.

Há certos atos que bradam aos céus. Esses atos não são unicamente uma afronta ao nosso senso moral, eles parecem violar uma consciência fundamental da constituição de nossa humanidade. Deste modo, esses atos não são somente maus, mas *mostruosamente maus*. E é esta monstruosidade que parece compelir até as pessoas normal e profissionalmente afeitas a estas perspectivas a suspender as relativizações. Uma coisa é dizer que os sistemas morais são produtos sócio-históricos, relativos no tempo e no espaço. Outra coisa bem diferente é dizer que *portanto* os atos de um Eichmann podem ser encarados com objetividade científica como simplesmente um exemplo de uma tal moralidade – e assim, em última análise, podem ser considerados uma questão de gosto. Naturalmente, é possível, e para certas finalidades muito útil, tentar uma análise desapaixonada do caso, mas parece impossível deixar o assunto parado onde está. Parece também impossível dizer algo semelhante a: "Bem, podemos não gostar de forma alguma disto, podemos sentir-nos injuriados e horrorizados, mas é só porque viemos de um certo ambiente e fomos socializados em certos valores – reagiríamos de forma bem diversa se tivéssemos sido socializados (ou, no caso, ressocializados, como Eichmann presumivelmente o foi) de uma maneira diferente". Seguramente, *dentro de um quadro de referência científico*, uma tal afirmação pode ser plenamente admissível. O ponto crucial, no entanto, é que todo este quadro relativizante de referência parece miseravelmente adequado ao fenômeno, se for considerado como a última palavra no assunto. Não só somos constrangidos a condenar, e a condenar absolutamente, mas, se devêssemos estar numa posição de assim proceder, sentir-nos-íamos constrangidos a tomar a decisão baseados nesta certeza. O imperativo de salvar uma criança de um assassínio, mesmo matando o suposto assassino, parece estar curiosamente imune à análise relativizante. Parece impossível negá-lo, mesmo quando por covardia ou cálculo tal imperativo não é seguido.

O sinal de transcendência deve ser encontrado num esclarecimento desta "impossibilidade". É claro que o assassínio de crianças é prática e teoricamente "possível". Pode ser feito e o foi em inúmeros massacres de inocentes desde o alvorecer da história. Pode ser justificado por aqueles que o praticam, por mais horripilantes que possam ser para os outros as suas justificações. E pode ser explicado de várias formas por um observador externo. Nenhuma destas "possibilidades", entretanto, atinge a "impossibilidade" fundamental que, depois de ter sido dito tudo o que era possível, ainda assim nos impressiona como a verdade fundamental. O elemento transcendente se manifesta em dois passos. Primeiro, nossa condenação é absoluta e certa. Não permite modificação ou dúvida, e é decretada na convicção de que se aplica a todos os tempos e a todos os homens, bem como a perpetrador ou suposto perpetrador do ato particular. Em outras palavras, atribuímos à condenação um caráter de uma verdade necessária e universal. Mas como mostra a análise sociológica mais claramente do que qualquer outra, esta verdade, enquanto empiricamente dada em nossa situação como homens, não pode ser empiricamente demonstrada como sendo necessária ou universal. Somos então confrontados por uma alternativa bastante simples: ou negamos que haja aqui qualquer coisa que se possa chamar verdade – uma escolha que nos faria negar o que experimentamos muito profundamente como sendo nosso próprio ser; ou temos que olhar para além do reino de nossa experiência "natural", à procura de uma validação de nossa certeza. Segundo, a condenação não parece esgotar sua intenção intrínseca em termos deste mundo somente. Atos que bradam aos céus, bradam também ao inferno. Este é o ponto que foi ressaltado muito claramente no debate sobre a execução de Eichmann. Sem entrar na questão da legalidade ou da sabedoria da execução, pode-se dizer com segurança que havia um sentimento muito generalizado de que "enforcar não é o bastante" neste caso. Mas o que teria sido "bastante"? Se Eichmann, em vez de ser enforcado, tivesse sido torturado até a morte, da maneira mais cruel e demorada que se possa imaginar, teria isto sido "bastante"? Uma resposta negativa parece inevitável. Nenhuma punição humana é "bastante" no caso de atos tão monstruosos como estes. Estes são atos que exigem não só condenação, mas *danação* no sentido religioso pleno da palavra – isto é, o praticante não só se coloca fora da comunidade dos homens; ele também se separa de uma maneira definitiva da ordem moral que transcende a comunidade humana, e assim invoca uma retribuição que é mais que humana.

Como certos gestos podem ser interpretados como antecipações da redenção, assim outros gestos podem ser encarados como antecipações do inferno (inferno significando aqui nem mais nem menos que o estado de estar condenado, aqui e agora, como também para além dos limites desta vida e deste mundo). Interpretamos o gesto prototípico de uma mãe segurando seu filhinho em reasseguramento protetor como um sinal de transcendência. Faz alguns anos, foi impressa uma fotografia que contém o contragesto prototípico. Foi tirada em algum lugar na Europa Oriental durante a Segunda Guerra Mundial numa execução em massa de judeus, russos ou poloneses, ninguém parece saber ao certo. A fotografia mostra uma mulher segurando uma criança, sustentando-a com uma mão e com a outra pressionando seu rostinho contra seu ombro, e, a alguns metros de distância, um soldado alemão com o fuzil levantado, fazendo pontaria. Mais recentemente, apareceram duas fotografias da guerra no Vietnã que, por assim dizer, separam estes componentes deste paradigma do inferno (e, quando tomadas junto, servem para lembrar-nos de que a danação muito raramente segue as linhas divisórias políticas traçadas pelos homens). Uma fotografia, tirada num interrogatório de "suspeitos vietcongs", mostra um soldado americano segurando um fuzil contra a cabeça de uma mulher de idade indeterminada, sua face talhada de angústia. Se o fuzil foi ou não disparado, a possibilidade está implícita no gesto ameaçador. A outra fotografia foi tirada durante a ofensiva vietcong de Tet, em começos de 1968, a um aquartelamento militar em Saigon, onde os vietcongs massacraram as famílias dos oficiais do exército sul-vietnamita. Mostra um oficial carregando sua filha morta nos braços. As linhas do seu rosto são semelhantes às da mulher sendo interrogada. Apenas não vemos aqui o homem com o fuzil.

Eu afirmaria que o gesto e o contragesto implicam transcendência, embora de maneiras opostas. Ambos podem ser vistos, sob o aspecto da fé indutiva, como apontando para um contexto último, religioso, da experiência humana. Assim como a religião justifica o gesto de reasseguramento protetor, mesmo quando feito em frente da morte, assim ela também justifica a condenação última do contragesto de desumanidade, precisamente porque a religião oferece um contexto para a danação. A esperança e a danação são dois aspectos de uma mesma abarcadora justificação. A dualidade, em que estou inclinado a pensar, é importante. Seguramente a esperança religiosa oferece uma teodiceia e, portanto, consolo às vítimas da desumanidade. Mas é igualmente significativo que a religião fornece a condenação aos perpetradores de desumanidade. O massacre dos inocentes (e, de uma maneira terrível, toda a história pode ser vista, como assim sendo) levanta a questão da justiça e poder de Deus. No entanto, sugere também a necessidade do inferno – não tanto como confirmação da justiça divina, mas antes como vindicação de nossa própria justiça.

Finalmente, há o *argumento do humor*[38]. Escreveu-se bastante sobre o fenômeno do humor, a maior parte num espírito sem muito humor. No pensamento recente, as duas teorias mais influentes sobre o assunto foram sem dúvida as de Freud e Bergson[39]. Ambos interpretam o humor como a preensão de uma discrepância fundamental – na teoria de Freud, a discrepância entre as exigências do superego e da libido; em Bergson entre o organismo vivo e o mundo mecânico. Tenho fortes reservas sobre ambas as teorias, mas aceito de imediato

---

38. Uma versão anterior deste argumento pode ser encontrada no meu *Precarious Vision*, p. 209s. Não mudei de ideia sobre isto, e o que digo aqui é substancialmente uma repetição.
39. FREUD, S. "Vivacidade e sua relação com o inconsciente". In: BRILL, A.A. (ed.). *The Basic Writtings of Sigmund Freud*. Nova York: Modern Library, 1938. • BERGSON, H. "Riso". In: SYPHER, W. (ed.). *Comedy*. Garden City, NY: Doubleday-Anchor, 1956.

um ponto comum – que o cômico (que é o objeto de qualquer percepção humorística) é fundamentalmente a discrepância, incongruidade, incomensurabilidade. Isto leva a uma pergunta que Freud não levanta por causa de sua perspectiva psicológica e que Bergson, acho, responde incorretamente, sobre a natureza das duas realidades que são discrepantes ou incongruentes em relação uma à outra.

Concordo com a descrição de Bergson: "Uma situação é invariavelmente cômica quando pertence ao mesmo tempo a duas séries de acontecimentos inteiramente independentes e é capaz de ser interpretada em dois sentidos completamente diferentes ao mesmo tempo"[40]. Mas insisto em acrescentar que esta qualidade cômica sempre se refere a situações *humanas*, não a encontros entre organismos e o não orgânico. O biológico em si não é cômico. Os animais se tornam cômicos só quando os encaramos antropomorficamente, isto é, quando os imbuímos de características humanas. Na esfera humana, quase qualquer discrepância pode nos tocar como sendo engraçada. A discrepância é o estofo do qual as piadas são feitas e frequentemente é a frase final que revela o "sentido inteiramente diferente". O judeuzinho se encontra com o pretão. O rato quer dormir com o elefante. O grande filósofo perde as calças. Mas eu iria mais longe e sugeriria que há uma discrepância fundamental da qual decorrem todas as outras discrepâncias cômicas – a discrepância entre o homem e o universo. É *esta* discrepância que faz do cômico um fenômeno essencialmente humano, e do humor um traço intrinsecamente humano. O *cômico reflete o aprisionamento do espírito humano no mundo*. É por isto que, como foi apontado sempre de novo desde a Antiguidade clássica, a

---

40. BERGSON, H. "Riso". Op. cit., p. 123.

comédia e a tragédia estão em sua raiz intimamente relacionadas. Ambas são comentários sobre a finitude do homem – se se quiser dizer o mesmo em termos existencialistas, sobre sua condição de "prostração". Se isto é verdade, então o cômico é uma dimensão objetiva da realidade do homem, não só uma reação subjetiva ou psicológica a essa realidade. Um dos testemunhos mais comoventes é o prestado pelo escritor francês David Rousset, comentando o tempo que passou num campo de concentração nazista. Escreve ele que uma das poucas lições duradouras que aprendeu desse período foi o reconhecimento de que o cômico era um fato objetivo que estava *lá* e podia ser percebido como tal, não importando a grandeza do terror e da angústia interiores da mente que o percebia.

Há um ponto a acrescentar. O humor não só reconhece a cômica discrepância da condição humana, ele também a relativiza, e assim sugere que a trágica perspectiva nas discrepâncias da condição humana pode também ser relativizada. Pelo menos durante a percepção cômica, a tragédia do homem é colocada entre parênteses. Ao rir-se do aprisionamento do espírito humano, o humor indica que este aprisionamento não é o final, mas será superado, e assim fornece ainda outro sinal de transcendência – neste exemplo, na forma de uma intimação à redenção. Sustentaria, pois, que o humor, como a infância e o jogo, pode ser visto como uma justificação basicamente religiosa da alegria.

O humor zomba do negócio "sério" deste mundo e dos poderosos que o administram. Há uma estória em que Tamerlão, quando da conquista da Pérsia, mandou que o poeta Hafiz fosse trazido à sua presença, pondo diante dele um dos poemas em que o poeta tinha prometido todas as glórias de Samarkand pela verruga da face de sua namorada. "Como ousas oferecer o esplendor da capital de meu império pelos atrativos mesquinhos de uma prostituta persa?", perguntou furiosamente Tamerlão. "Sua majestade, é de vós que aprendi o hábito da generosidade", diz-se ter Hafiz respondido. Conforme a estória, Tamerlão riu e poupou a vida do poeta. Ele poderia ter reagido diferente, pois os conquistadores e construtores de impérios em geral não têm muito apreço pelo humor. Mas fosse qual fosse o desfecho de tais encontros entre tiranos e poetas, a pergunta que eu faria é esta: De quem, no final, se deve ter dó – do que segura o mundo em suas mãos poderosas, ou do que se ri dele? A resposta "séria" é, naturalmente, de que não se pode ter dó do poder, mas sim das eternas vítimas do poder. O humor, pelo menos durante o instante em que percebe as dimensões cômicas da situação, dá uma resposta contrária. De quem se deve ter dó no final é de quem tem uma ilusão. E o poder é a ilusão final, enquanto o riso revela a verdade final. Até certo ponto, isto pode ser dito sem nenhuma referência à transcendência. A razão empírica sabe que todo poder é precário e que também Tamerlão terá que morrer. Mas a revelação do riso aponta para além destes fatos empíricos. O poder é fundamentalmente uma ilusão porque não pode transcender os limites do mundo empírico. O riso pode – e o faz cada vez que relativiza as necessidades deste mundo aparentemente inabaláveis como a rocha.

Uma manifestação prototípica do cômico na literatura ocidental é a figura de Dom Quixote. E uma corporificação prototípica dos gestos de libertação humorística está no palhaço. Ambas as figuras ilustram as alternativas básicas na interpretação do aprisionamento do homem no mundo. Na novela de Cervantes, a rebelião profundamente cômica de Quixote contra as paredes aprisionantes do mundo empírico acaba num trágico fracasso. No fim, nas palavras de Alfred Schütz, Quixote é "um homem que volta para casa, para um mundo ao qual não pertence, fechado na realidade cotidiana, como numa prisão torturado pelo carcereiro mais cruel: a razão do senso comum que está consciente de seus próprios limites"[41]. Nenhuma outra conclusão é possível do ponto de vista da razão empírica. Outra conclusão, a especificamente religiosa, é com eloquência expressa por Enid Welsford no último parágrafo de sua história do palhaço como figura social e literária: "Para os que não rejeitam a intuição religiosa da raça, o espírito humano não se sente bem neste mundo porque noutro lugar é o seu lar, e a fuga da prisão é possível não só na imaginação, mas de fato. O teísta acredita numa possível beatitude, porque desacredita no isolamento dignificado da humanidade. Para ele, portanto, a comédia romântica é literatura séria porque é uma degustação antecipada da verdade: o palhaço é mais sábio do que o humanista; e a palhaçada é menos frívola do que a deificação da humanidade"[42]. Num marco de referência religioso, é a esperança de Quixote e não o realismo de Sancho Panza que é fundamentalmente justificada, e os gestos do palhaço têm uma dignidade sacramental. A religião reinterpreta o sentido do cômico e defende o riso.

Esta não é de modo algum uma lista exaustiva ou exclusiva dos gestos humanos que podem ser vistos como sinais da transcendência. Para fornecer uma, seria necessário construir uma antropologia filosófica e, no alto dela, um sistema teológico para acompanhá-la. Não estou preparado para ser tão quixotesco assim. Mas quero ir pelo menos alguns passos além da montagem de um programa e sugerir como seria possível

---

41. SCHÜTZ, A. "Dom Quixote and the Problem of Reality". *Collected Papers*. Vol. II. The Hague: Nijhoff, 1964, p. 157.
42. WELSFORD, E. *The Fool*. Garden City, NY: Doubleday-Anchor, 1961, p. 326s.

teologizar de um ponto de partida antropológico. Minha escolha de exemplos pode não ser convincente a todos e, em todo caso, é bastante arbitrária. Poderia ter escolhido outros exemplos, embora argumentasse que os há pouco apresentados são particularmente úteis porque todos eles se referem a experiências humanas muito básicas. De propósito omiti qualquer discussão sobre as pretensões da experiência religiosa direta (no sentido da experiência do sobrenatural). Não se quer com isto de maneira alguma depreciar os esforços para estudar e entender tais fenômenos; simplesmente segue da minha crença anteriormente expressa de que o pensamento teológico faria bem em voltar-se das projeções ao projetor, e assim aos dados empíricos sobre o homem. É bastante claro que o misticismo ou qualquer outra suposta experiência de realidades sobrenaturais não é acessível a todos. Quase que por definição participa do caráter do esotérico. Meu objetivo foi explorar as possibilidades teológicas que tomam como seu ponto de partida o que é em geral acessível a todos os homens. Limitei-me, portanto, a uma discussão dos fenômenos que podem ser encontrados na vida ordinária de cada um. Até mesmo o argumento da danação permanece dentro do contexto do "ordinário" no sentido de que não pressupõe qualquer iluminação especial ou intervenção de além da esfera humana. Não faço reivindicação alguma deste método sobre outros, mas, repetindo, é uma solução possível para a vertigem da relatividade. Tocará particularmente, julgo eu, aos que passaram pelo "riacho de fogo" da relativização sociológica.

Não é preciso dizer que este procedimento levanta questões filosóficas muito complexas. De novo, não estou preparado para tratá-las aqui. Mas duas rejeições deveriam ser feitas imediatamente. Meu procedimento *não* pressupõe uma "natureza humana" estática, de alguma forma fora da história. Nem pressupõe uma teoria da "evolução" ou "progresso" históricos. Há alguns gestos humanos prototípicos que parecem atemporais e que poderiam ser considerados como constantes da história. Pode ser que haja expressões da *humanitas* necessárias e necessariamente periódicas. Mas ninguém pode negar que tenha havido mudanças de longo alcance na compreensão da *humanitas* no curso da história. Por exemplo, nossa compreensão atual da relação entre *humanitas* e escravidão é algo bem temporal. No entanto, sustento que nossa compreensão encerra uma maior verdade do que, digamos, a compreensão da Antiguidade clássica. Podemos estar hoje no processo de descobrir novas verdades sobre a constituição e alcance da *humanitas* na área dos direitos humanos. Acho que os pontos de vista contemporâneos sobre a igualdade dos sexos (incluindo o "terceiro sexo" das assim chamadas "minorias eróticas") e das raças, ou sobre a "impossibilidade" da pena de morte, são verdadeiramente novas descobertas de verdades sobre o homem. Ao mesmo tempo, seria certamente um erro pensar que essas verdades "evoluem" natural ou inevitavelmente no curso da história, ou pensar que a história é uma linha reta de "progresso" ascendendo por necessidade a conhecimentos cada vez maiores da verdade sobre o homem. As verdades podem ser descobertas ou redescobertas; também podem se perder e de novo ser esquecidas. A história não é a noite onde todos os gatos são pardos, nem é uma gigantesca escada rolante subindo até ao ponto onde acontece estarmos. Cada reivindicação da verdade deve ser olhada em seus próprios méritos – em "imediatez a Deus", como diria o historiador do século XIX Ranke – e ao mesmo tempo em plena consciência de sua situação sócio-histórica. Assim, de maneira alguma é certo, mas perfeitamente possível, que hoje saibamos algumas coisas sobre o alcance da *humanitas* que nunca foram conhecidas antes. É possível também que tenha havido um conclave secreto de sacerdotes astecas que conheciam algo que nós nunca mesmo sonhávamos – e que esta verdade pereceu com eles para nunca mais ser reconquistada. Certo equilíbrio de ousadia e modéstia, em medidas mais ou menos iguais, é uma virtude quando se trata de pesquisa antropológica.

Voltemos uma vez mais à justaposição do "natural" e "sobrenatural" como estes termos foram usados anteriormente. Sustento que há uma dicotomia na situação humana entre o meio-termo, que é o reino da vida ordinária, cotidiana na sociedade, e os vários reinos marginais nos quais as pressuposições simplesmente aceitas do reino da vida cotidiana são ameaçadas ou postas em questionamento. Como o mostrou Alfred Schütz, o meio-termo, que aceitamos simplesmente como normalidade e sanidade, pode ser mantido (i. é, habitado) somente se suspendermos toda dúvida sobre sua validade. Sem esta suspensão da dúvida, a vida do dia a dia seria impossível, só porque estaria constantemente invadida pela "angústia fundamental" causada pelo nosso conhecimento e medo da morte. Isto implica que todas as sociedades humanas e suas instituições são, em sua raiz, uma barreira contra o terror nu[43].

No entanto, a maioria das sociedades históricas relacionaram as experiências marginais com as do meio-termo de modos os mais variados, quer práticos quer teóricos. Houve rituais para suavizar, mas ao mesmo tempo representar, o terror dessas experiências. Ritos funerais ou cerimônias relativas à sexualidade são exemplos disto. Houve teorias que serviram para integrar as

---

43. Esta ideia é desenvolvida sistematicamente em BERGER, P. *O dossel sagrado*. Op. cit., cap. 1 e 2.

próprias margens com o que Schütz chamou de "realidade superior" da vida cotidiana, mas, assim procedendo, tomou-se conhecimento da realidade da experiência marginal. Em outras palavras, a maioria das sociedades históricas permaneceram abertas ao metafísico. A vida humana sempre teve um lado diurno e um lado noturno e inevitavelmente, por causa das exigências práticas do ser do homem no mundo, sempre foi o lado diurno que recebeu o "acento de realidade" mais forte. Mas o lado noturno, mesmo se exorcizado, raramente foi negado. Uma das consequências mais espantosas da secularização foi exatamente esta negação. A sociedade moderna expulsou a noite da consciência, o mais longe possível. O tratamento da morte na sociedade moderna, especialmente na América, é a manifestação mais aguda disto[44]. De maneira muito mais geral, a sociedade moderna não só eliminou as velhas questões metafísicas na prática, mas (especialmente nos países anglo-saxões) gerou posições filosóficas que negam o sentido destas perguntas. "Qual é a finalidade da minha vida?" "Por que tenho de morrer?" "De onde venho e para onde vou?" "Quem sou eu?" – todas estas perguntas não só são supressas na prática, mas são teoreticamente liquidadas, por relegá-las ao absurdo. Para repetir uma comparação usada anteriormente, a realidade de um negociante de meia-idade digerindo solenemente seu almoço é elevada à posição de autoridade filosófica final. Todas as perguntas que não corresponderem a esta realidade são tidas como inadmissíveis. A negação da metafísica pode aqui ser identificada com o triunfo da trivialidade.

---

44. Cf. GORER, G. *Death, Grief and Mourning*. Garden City, NY: Doubleday, 1965. Um bom resumo do sentido sociológico disto é o artigo de Phillippe Ariès. Cf. *European Journal of Sociology*, 1967, p. 2. Cf. tb., para um estudo empírico em ambiente hospitalar, GLASER, B. & STRAUSS, A. *Awareness of Dying*. Chicago: Aldine, 1965.

Até quando uma tal redução do alcance da experiência humana poderá continuar plausível é objeto de debate. De qualquer forma, constitui um profundo empobrecimento. Na prática e no pensamento teórico, a vida humana ganha a maior parte de sua riqueza da capacidade de êxtase, pelo qual não quero significar as supostas experiências do místico, mas qualquer experiência de sair fora da realidade aceita como tal da vida cotidiana, qualquer abertura para o mistério que nos cerca de todos os lados. Uma antropologia filosófica digna deste nome terá que reconquistar uma percepção por estas experiências, e assim reconquistar uma dimensão metafísica. O método teológico aqui proposto como uma possibilidade contribuirá para esta redescoberta do êxtase e da metafísica como dimensões cruciais da vida humana e pela mesma razão para a reconquista de riquezas perdidas da experiência e do pensamento.

4 Possibilidades teológicas: confrontar as tradições

Deveria estar por ora bastante claro que, embora possa ter parecido em algumas das primeiras seções deste livro, *não* estou propondo um programa teológico de restauração conservadora. Meu repúdio pelas trivialidades da recente teologia "radical" e da consciência secularizada que esta teologia busca legitimar não é um convite para procurar refúgio na firme [sic] fortaleza da tradição. Os termos que usei para delinear um possível método teológico – "ponto de partida antropológico", "dado empiricamente" e "fé indutiva" – são intrinsecamente repulsivos às formas mais conservadoras de teologia. Sua afinidade natural é com o liberalismo teológico, especialmente aquele movimento da teologia liberal protestante que começou com Schleiermacher e, como apontei, foi interrompido somente temporariamente pela reação neo-ortodoxa que se seguiu à Primeira Guerra Mundial.

Realmente, talvez sejam duas diferentes compreensões da *relação* entre fé e razão que constituem a divisão crucial entre os modos conservadores e liberais de fazer teologia. É muitíssimo inexato censurar toda teologia conservadora por irracionalidade ou toda teologia liberal por timidez de fé. A questão jaz mais na maneira pela qual estão relacionados dois movimentos da mente. A teologia conservadora, por mais racional que possa ser em seu método, tende *a fazer deduções* da tradição. A teologia liberal, por mais que possa enfatizar a necessidade da fé, tende a *fazer induções* da experiência acessível a todos. Seria pueril emitir julgamentos morais ou psicológicos sobre esta diferença. Deixem-me simplesmente acentuar uma vez mais minha convicção de que é o método da "fé indutiva" que oferece as maiores promessas para novas abordagens da fé religiosa, numa situação intelectual marcada por um sentido generalizado de relatividade.

O problema de tornar a fé plausível não é novo. Foi Agostinho quem o formulou com a mais aguda precisão, quando disse: *Nullus quippe credit aliquid, nisi prius cogitaverit esse credendum* ("Ninguém, realmente, acredita em alguma coisa, a não ser que previamente saiba ser algo acreditável"[45]). A única vantagem que possamos concebivelmente ter hoje sobre Agostinho nesta intuição é uma consciência mais sistemática da dinâmica social da *cogitatio* e *credenda*, do que se sabe e do que é crido – uma consciência de que tratei em termos da sociologia do conhecimento na seção sobre as estruturas da plausibilidade. Esta nova consciência, no entanto, aumenta muito a dificuldade de simplesmente submeter-se à tradição e assim tende para modos indutivos de pensamento teológico.

O método teológico que aqui sugeri está fortemente inclinado a uma posição independente frente às várias tradições religiosas. Mas o problema do confronto das tradições permanece, e nenhum método teológico parece ser muito produtivo, a não ser que encare seriamente este problema. Por quê? Talvez seja mais útil dizer por que *não*. Do ponto de vista apresentado neste livro, as tradições *não* têm que ser confrontadas por terem um

---

45. *De praedestinatione sanctorum*, 2,5.

direito misterioso, mas irresistível à nossa lealdade. Tais noções têm uma curiosa persistência, mesmo entre intelectuais que se emanciparam bastante de seus respectivos passados religiosos, mas que, entretanto, encaram as respectivas tradições como parte do ser de sua pessoa – uma realidade interior que ele precisa enfrentar. No mundo ocidental, tal atitude é encontrada com mais frequência entre judeus, por razões historicamente compreensíveis. Mas entre cristãos também encontramos afirmações como "Tenho de descobrir mais sobre minha fé" ou mesmo, com maior agudeza, "Realmente eu deveria aprender o que nós cremos". Os termos "fé" e "nós" referem-se, é claro, à comunidade religiosa à qual a pessoa pertence. Colocando a questão desta maneira, vê-se a fraqueza na lógica da atitude subjacente, qualquer que seja sua plausibilidade *psicológica*. A fé, no próprio sentido da palavra, é ou não é mantida. Se for, não é preciso "aprender"; se não for, não podemos a ela nos referir como sendo a nossa própria. E o "nós" de uma comunidade religiosa, que por definição se baseia numa fé mantida em comum, não pode ser logicamente tomado como antecedendo àquela fé, exceto, quiçá, como proposição sociológica – mas isto não é o que as pessoas, que assim falam, querem dizer.

Pode-se, naturalmente, compreender e simpatizar com esta atitude; há muitas vezes razões psicológicas óbvias para as pessoas sentirem assim. Há mesmo algo comovente quando um judeu agnóstico sente remorsos de consciência ao tomar seu jantar em Yom Kippur, ou quando um cético, de antecedentes católicos, sente uma pressão sob suas rótulas, ao ser carregada a hóstia pelas ruas em *Corpus Christi*. Se, entretanto, tais dados psicológicos forem levados a tornarem-se critérios de verdade, tornam-se mistificações que perfazem a função do que Sartre chamou "má-fé" – isto é, deturpam a escolha como destino, e assim negam as escolhas realmente feitas. Seguramente, ideias, como a eterna eficácia do "sangue judeu" ou do Sacramento do Batismo, contribuem muito para dar ao judaísmo ou cristianismo um "caráter indelével". Uma vez judeu, sempre judeu. Uma vez batizado, para sempre um cristão. Ideias deste tipo, julgo eu, são essencialmente mágicas. Dentro do quadro de referência aqui apresentado, devem ser interpretadas como distorções desumanizantes da realidade empírica de nossa existência.

Há melhores razões por que as tradições devem ser confrontadas. No nível mais óbvio, o adágio de que "quem ignora a história está condenado a repeti-la" vale para o teólogo também. As questões fundamentais da teologia foram apaixonadamente estudadas por pelo menos três mil anos. Não é só intolerável arrogância pensar que se pode começar a teologizar em desconsideração soberana desta história; é também arrogância extremamente dispendiosa. Parece perda de tempo passar, digamos, cinco anos elaborando uma posição só para descobrir que isto já foi feito por um monge sírio no século V. O mínimo que um conhecimento das tradições religiosas tem a oferecer é um catálogo de heresias para possível uso caseiro.

O mais importante, contudo, no método que venho propondo é que impede a gente de se afastar da história. Se a experiência humana contém dados teologicamente relevantes, a dimensão histórica de toda a experiência humana deve ser levada em conta teologicamente. Se há casos genuínos de descoberta da verdade religiosa, temos de nos haver com sua história, pois a própria palavra "descoberta" encerra um processo histórico. Isto se torna ainda mais claro se repudiamos a ideia de "progresso". Se toda a história fosse uma progressão constante, poderia haver uma certa lógica em ignorar o passado. Por definição, cada situação passada seria inferior à presente em sua abordagem da verdade. Alguém se interessaria pelo passado, se é que se interessaria, simplesmente por autossatisfação e edificação, mais ou menos no mesmo espírito dos estudos dos "selvagens" de alguns etnólogos primitivos. Mas, por outro lado, cada época é vista em sua "imediatez a Deus", cada época deve ser cuidadosamente olhada para descobrir quaisquer sinais de transcendência que possam ser próprios só dela. Para voltar a um exemplo anterior, o teólogo deve preocupar-se com a história, porque há pelo menos a possibilidade de descobrir aquele relâmpago irrepetível de verdade que foi a posse secreta de um conluio de sacerdotes astecas – e que talvez, quem saiba, forneça a solução de seu mais premente problema.

Pela mesma lógica, esta confrontação com o passado não pode ser limitada a uma tradição só, por mais que se esteja ligado a ela. A teologia hoje deve ser feita numa consciência ecumênica. Em nossa pluralista situação atual está se tornando cada vez mais difícil permanecer religiosamente *entre nous*. Todos os grupos religiosos estão constantemente confrontados com uma presença maciça de uma visão do mundo secularizada em suas multiformes manifestações e, no topo de tudo isto, continuam a esbarrar um com o outro em cada esquina. O cristão esbarra com o judeu, o católico com o protestante, enquanto que o processo intraprotestante de colisão atingiu quase uma intensidade orgíaca. Com um pouquinho de sorte, alguém poderá esbarrar com o último guru, vindo do Oriente de avião a jato, com uma bagagem religiosa de peso adequadamente leve para facilitar suas viagens aéreas. Hoje todos são forçados a entrar numa conversa permanente com todos, conduzida na maioria das vezes de uma forma muito polida. É engraçado, mas ouso dizer, é também salutar. É saudável para as freiras terem que tratar com rabinos, e vice-versa, e não ferirá a nenhum dos grupos levantar-se contra alguns santos homens hindus. De qualquer jeito, é muito difícil ignorar a consciência ecumênica, mesmo se alguém o quisesse.

Neste exemplo específico, a necessidade prática é equivalente a uma bênção teorética. Pois uma consciência ecumênica torna possível um modo de teologizar que tem consciência da plenitude da busca religiosa do homem numa maneira que provavelmente não tem paralelo na história da religião. Assim aumentará a probabilidade de nenhuma descoberta da verdade religiosa ser desconsiderada simplesmente por causa do acidente do nascimento do teólogo neste ou naquele meio.

As pressões reais da situação pluralista são ainda mais intensificadas pela disponibilidade sem precedente do passado, resultado da moderna pesquisa histórica. O teólogo contemporâneo tem a seu alcance uma riqueza incrível de informações sobre o pensamento religioso do homem em todo o período conhecido da história – muitas vezes na forma de brochuras inexpressivas. É difícil ver como o uso inteligente desta oportunidade não possa redundar em benefício do empreendimento teológico. Já não há qualquer desculpa para um etnocentrismo teológico.

Deveria ser hoje inconcebível fazer um trabalho teológico sem tomar conhecimento desta abundância teológica. Na área do cristianismo ocidental, pelo menos, isto está se tornando geralmente aceitável e o movimento ecumênico, propriamente falando, tentou trazer cada vez mais o cristianismo oriental para participar deste "polílogo" (se o termo for permitido). Na América, a conversação entre o cristianismo e o judaísmo está cada vez mais sendo vista como um exercício desejável. Mas, embora tudo isto seja bem-vindo, a definição da consciência ecumênica é ainda estreita demais. Afinal, os cristãos e os judeus estão numa posição de primos ao conversar uns com os outros. Pelo menos, deveriam trazer para sua conversa seus primos-segundos da casa do islã. E é muitíssimo desejável (e provavelmente inevitável) que a conversa alargue seu círculo para incluir as grandes tradições religiosas da Índia e do Extremo Oriente, tal como existem agora e estão disponíveis em suas respectivas literaturas. Não seria necessário repisar o ponto de que este *desideratum* está implícito no método específico que sugeri.

A consciência ecumênica deveria ser mais que uma resposta às necessidades práticas ou uma acomodação às boas maneiras interculturais, como praticadas nas salas de espera dos delegados das Nações Unidas. Não é uma questão de tornar-se sofisticado ou polido com as pessoas que, por exemplo, veneram vacas ou se preocupam com a morte das moscas. É uma questão de seriamente tentar uma abordagem indutiva ao empreendimento teológico. Um ponto, entretanto, deveria ser fortemente acentuado. *Não* estou recomendando a construção de um sistema pega-tudo, uma espécie de esperanto teológico no qual todas as tradições seriam dissolvidas. Pelo contrário, a consciência ecumênica deveria conduzir a uma clarificação de opções contraditórias. Somente quando estas opções se tornarem plenamente conscientes será possível compreendê-las como *escolhas possíveis*. Em outras palavras, somente uma teologia ecumenicamente consciente está na posição de realmente ser capaz de fazer escolhas – sejam elas escolhas entre tradições historicamente disponíveis, ou escolhas que modificam estas tradições, ou talvez uma escolha que esboça um roteiro de direções novas em oposição a todas as tradições. Por exemplo, qualquer tentativa de misturar cristianismo e budismo baseia-se quase com certeza na ignorância de uma ou das duas tradições. O cristianismo e o budismo apresentam-se com opções religiosas claras e, acho, essencialmente contraditórias. Os protagonistas das duas religiões deveriam ser claros sobre quais são as suas opções e deveriam ser claras também as pessoas que não escolhem nenhuma das duas religiões. Quase inevitavelmente, o conhecimento destas opções históricas enriquecerão a clareza intelectual da própria escolha das pessoas.

De modo algum estas ideias são novas. Eram muito comuns no apogeu do liberalismo teológico protestante e foram um fator poderoso no crescimento do estudo histórico e comparativo da religião durante o mesmo período. Havia na época uma expectativa muito grande nos círculos eruditos e entre os leigos de que este compromisso com a riqueza da busca religiosa do homem, passada e presente, capacitaria os homens a fazerem escolhas mais racionais nesta área. Poder-se-ia recordar aqui, à guisa de exemplo, o imenso esforço despendido na compilação de Max Müller dos *Livros sagrados do Oriente* e, no lado popular, o entusiasmo gerado nos anos de 1890 com o Parlamento Mundial das Religiões realizado junto com a Feira Mundial de Chicago. As realizações científicas dessa época são monumentais e ainda hoje constituem o fundamento indispensável para quase todo o trabalho na história da religião. Mas seria bom não nos sentirmos por demais cheios de afetação com as manifestações menos eruditas deste "ecumenismo prematuro". Não estou dizendo que se deveria ficar excessivamente impressionado com as velhinhas calçando tênis e correndo por aí e proclamando *Ex oriente lux* com um sotaque do centro-oeste (embora, confesso, julgue-as, consideravelmente, mais impressionantes que os intelectuais de qualquer sotaque que estão convencidos de que luz alguma pode vir de qualquer lugar fora de suas próprias deprimentes panelinhas). Mas mesmo este tipo de atividade popularizante (quero dizer, naturalmente, as velhinhas, não as panelinhas dos intelectuais) pode servir como uma parte importante da estrutura de plausibilidade de um empreendimento intelectualmente mais sério.

Não estou, como acentuei anteriormente, propondo um simples retorno a um período anterior do pensamento religioso. Em religião, como em qualquer outra coisa, quase nunca é possível retornar a um estado anterior de coisas. Nem eu quereria. Certamente não desejaria reviver a fé superficial no progresso, o melancólico racionalismo, ou a afetada autossatisfação da *belle époque*, mesmo se fosse possível. Mas, repito, *gostaria* de reviver um motivo mais profundo que com justiça foi chamado de era de Schleiermacher – um espírito de paciente indução e uma atitude de abertura para a plenitude da experiência humana, principalmente porque esta experiência é acessível à pesquisa histórica.

As tradições, *todas* as tradições, têm de ser confrontadas na busca de quaisquer sinais de transcendência que possam ter-se sedimentado nelas. Isto significa uma abordagem fundada em métodos empíricos de pesquisa (a mais importante, naturalmente, nos métodos do moderno estudo histórico) e livre de *a prioris* dogmáticos (livre, i. é, das pressuposições dogmáticas da reação neo-ortodoxa). Faz alguns anos, na Alemanha, um grupo de jovens teólogos protestantes publicou um livro em conjunto, destinado a ser um agudo desafio à neo-ortodoxia e provocativamente intitulado *Revelação como história*[46]. A figura central deste grupo é Wolfhart Pannenberg, cujo trabalho continua a acentuar a história e a antropologia empíricas. Eu endosso inteiramente esta abordagem. Mas preferiria uma ênfase na "descoberta" em vez de na "revelação". Certamente, se

---

46. PANNENBERG, W. et al. *Offenbarung als Geschichte*. Göttingen: Vandenhöck & Ruprecht, 1963. O trabalho também apareceu em tradução inglesa.

alguém já conseguiu a fé, verá qualquer manifestação da transcendência como uma revelação, ou como Mircea Eliade o coloca, uma "teofania". Mas é precisamente desta situação do "já conseguido" que eu gostaria de me afastar em termos de método teológico, pelo menos em seu ponto de partida. Falar em "revelação" antes de se estar seguro, exatamente onde se poderia falar em "descoberta", é colocar a carroça à frente dos bois[47].

A história nos fornece o registro das experiências do homem consigo mesmo e com a realidade. Este registro contém estas experiências, numa variedade de formas, a que chamei de sinais de transcendência. O empreendimento teológico terá que ser antes de tudo uma análise rigorosamente empírica dessas experiências, em termos de uma antropologia histórica e uma história da religião, e, se minha sugestão for aceita, a primeira terá uma prioridade lógica sobre a segunda. O trabalho teológico irá além do quadro empírico de referência quando começar a falar de descobertas e começar a explicar o que se pensa ter sido descoberto – isto é, quando os aspectos transcendentes da experiência humana forem tratados mais como *realidades* do que *supostas realidades*.

Não é preciso dizer que esta transição da análise empírica à metafísica é em si mesma um ato de fé. Só na antecipação desta fé separar-se-á a teologia do estudo empírico do homem e de suas produções religiosas. E só então se tornará teologia no sentido etimologicamente próprio da palavra. Assim é absurdo falar de uma "teologia científica" (como, p. ex., foi a tendência na Escandinávia, especialmente na Suécia, onde a teologia

---

47. O quanto eu o compreendo, Pannenberg parece estar de acordo com esta ideia. Minhas observações aqui não têm como objetivo uma crítica a Pannenberg, mas são um *caveat* contra as "correlações" prematuras às quais teólogos, com um ponto de vista biográfico e existencial dentro de uma tradição particular, estão inclinados, o que é compreensível.

foi virtualmente absorvida na fenomenologia e história da religião). Em qualquer quadro de referência empírico, a transcendência tem de aparecer como uma projeção do homem. Portanto, se a transcendência deve ser tratada *como* transcendência, o quadro de referência empírico tem de ser deixado de lado. Não pode ser de outra maneira. Minha preocupação é pelo método pelo qual esta mudança nos quadros de referência deve ser alcançada.

Um exemplo poderá esclarecer isto melhor. Na recente teologia protestante foram muito acentuados o centralismo de Cristo e a suposta necessidade de se começar a teologia com a figura de Cristo. O pior é que esta abordagem sistematiza os resíduos dos materiais históricos, como por exemplo quando as crenças cristãs são tiradas da leitura da história religiosa do antigo Israel. Mas mesmo na sua forma mais sofisticada, quando a história é tratada com todo o cuidado e respeito, significa que todas as interpretações teológicas dos materiais históricos deveriam emanar deste único foco central, que é em si mesmo tido como um imutável *a priori*. Rejeito tal procedimento. Eu consideraria o material histórico referente a Cristo, o próprio Novo Testamento e a literatura subsequente, como um registro de um complexo específico da experiência humana. Como tal, não teria nenhuma posição especial em comparação a qualquer outra história (digamos, a concernente a Buda no Cânon Páli e nas subsequentes ramificações do pensamento budista). As perguntas que faria seriam essencialmente as mesmas para qualquer outra história: *O que está sendo dito aqui? Qual é a experiência humana da qual provêm estas afirmações?* E então: *Em que extensão e de que maneira podemos ver aqui descobertas genuínas da verdade transcendente?*

Tenho de deixar de lado a questão, se, neste exemplo específico, esta abordagem exige uma renovação da "busca do Jesus histórico", como alguns exegetas do Novo Testamento recentemente insistiram, ou se nos devemos contentar com a posição da Escola de Bultmann que defende permanecer o Jesus histórico inacessível e que, querendo ou não, temos de nos apegar ao Cristo proclamado pela Igreja primitiva como salvador divino. Esta questão ultrapassa tanto meu objetivo como minha competência. É a questão metodológica que aqui me interessa. Eu voltaria ao clássico *modus operandi* da exegese bíblica do século XIX. Voltaria também ao espírito de inflexível honestidade que não é tão desrespeitoso da autoridade religiosa constituída como cruel com as esperanças religiosas próprias de alguém. O protestantismo, a primeira tradição religiosa que teve a coragem de voltar sobre si mesma os afiados instrumentos da pesquisa empírica, tem boas razões para se orgulhar deste espírito. Neste sentido (e não no sentido de um comprometimento *a priori* com uma tradição particular) o procedimento que estou propondo participa do "poder vivo, que se move sem parar", que Paul Tillich chamou de "o princípio protestante": "O protestantismo tem um princípio que permanece além de todas as suas realizações... O princípio protestante é o juiz de toda realidade religiosa e cultural, incluindo a religião e a cultura que se chamam a si mesmas 'protestantes'"[48]. Neste sentido, e somente neste sentido, a abordagem que eu teria ao fenômeno de Cristo é descaradamente protestante. O "julgamento" contido nesta abordagem está o mais longe possível da arrogância autossatisfeita diante dos êxtases religiosos do homem. Pelo contrário, é

---

48. TILLICH, P. *The Protestant Era*. Chicago: Editora da Universidade de Chicago, 1948, p. 163.

animado por paciente abertura e humildade diante de todas as intimações possíveis da verdade religiosa.

Enfatizei neste capítulo a necessidade de o empreendimento teológico confrontar as tradições religiosas, tanto as do passado biográfico e cultural do teólogo como as que lhe são estranhas. Espero ter deixado claro que isto não contradiz o que afirmei no capítulo anterior sobre o ponto de partida antropológico para a teologia. Não estou agora substituindo, no ponto de partida recomendado, o estudo histórico pelo da antropologia. Estou, no entanto, propondo que o empreendimento teológico deveria vincular confrontações de mais de um tipo. Além da confrontação com o que pode ser empiricamente descoberto sobre o homem e suas obras (que será, acima de tudo, uma confrontação com a antropologia filosófica e com as ciências sócio-históricas do homem), deve também haver a confrontação com o conteúdo de todas as tradições religiosas dentro e além do meio cultural próprio de cada pessoa. Seria preciso também confrontar as intuições sobre a realidade do homem, provindas de outras fontes, como as do artista e do poeta. A busca de sinais de transcendência dentro da experiência humana dificilmente poderia permitir passar por cima dos dados provindos, por exemplo, das criações de Bach ou Mozart, dos construtores das catedrais góticas, ou de Chagall, Hölderlin, ou Blake (para mencionar nomes ao acaso). Até o presente, mal e mal podemos imaginar os procedimentos pelos quais se poderia fazer esta confrontação específica.

Não é uma novidade de impacto propor que a Teologia se engaje num diálogo multifacetado com outras disciplinas intelectuais, não certamente no espírito em que a palavra "diálogo" se tornou um clichê da moda. Nem a substituição do termo "polílogo" seria uma grande melhoria. Tudo, no entanto, dependerá da maneira em que esta conversação multifacetada for conduzida, e em boa parte dependerá dos motivos por que se começa o diálogo. Não há necessidade de repetir minhas críticas anteriores aos motivos de "estar por dentro" ou de ganhar a atenção das mais novas rodas dos "eruditos desdenhadores da religião" só para ser notícia nos meios de comunicação de massa. Qualquer outro motivo que não a busca da verdade degrada a teologia, como degrada qualquer outro empreendimento intelectual. Até mesmo os motivos de preocupação pastoral ou evangélica não constituem exceção. Mas a maneira da confrontação é de importância decisiva. "Diálogo" pode ser um álibi para charlatanismo, onde todos falam para todos e ninguém tem algo a dizer. A assim chamada dinâmica da comunicação nunca pode ser o substituto para o trabalho árduo do esforço intelectual. Mas "diálogo" pode também ser uma necessidade interior de uma situação intelectual particular. Então é assumido por nenhum outro motivo do que a busca da verdade e não como suposto atalho das intuições que só podem ser conseguidas por rigorosa aplicação. Acolheria tal atitude como uma das mais promissoras possibilidades de nossa situação contemporânea. Acho também que teologizar nesta atitude é uma das mais empolgantes atividades intelectuais desta época.

Ao mesmo tempo, deve-se reconhecer que a religião não é primariamente uma atividade de intelectuais; na verdade não pode ser entendida como um esforço primordialmente teórico. O impulso religioso fundamental não é teorizar sobre a transcendência, mas adorá-la. Isto é certo, independentemente do fato de a religião animar grande número de pessoas numa sociedade ou limitar-se ao que denominei minorias cognitivas. Se a religião em nossa situação atual pudesse se manifestar unicamente como uma preocupação teórica, embora apaixonada, de segmentos da *intelligentsia*, isto seria em si mesmo um sintoma de sua morte progressiva ou iminente. Qualquer intelectualismo semelhante repugna sobretudo às tradições judaico-cristãs, nas quais a fé sempre foi entendida em relação à vida, trabalho e esperança reais das comunidades humanas que incluem tanto os abridores de valas como os teoréticos. Reconheço, portanto, que o empreendimento teológico de que estou falando, mesmo se empregar os instrumentos mais complexos do ofício do intelectual, sempre tenderá para a expressão nas comunidades vivas dos homens, outros que não os intelectuais. Seria temerário especular sobre as formas sociais de que tais comunidades poderiam se revestir. Mas é possível estender o conceito de pluralismo para estas comunidades. Algumas delas poderiam muito bem emergir de dentro do âmbito dos agrupamentos ou instituições religiosas tradicionais, como novas variantes do tipo clássico da *ecclesiola in ecclesia* (a "igrejinha dentro da Igreja", como um grupo mais íntimo dentro da comunidade mais vasta). Já há indicações desta possibilidade numa variedade de grupos que (provavelmente de forma enganosa) foram classificados sob a expressão "igrejas subterrâneas". Outras comunidades destas podem se cristalizar fora das linhas traçadas em nossa sociedade pelas instituições religiosas, fora dos portões das igrejas e possivelmente com pouca ou nenhuma conexão com os conteúdos tradicionais delas. Já existem exemplos disto também. Se estas comunidades tenderão a formas sociais "sectárias" ou "eclesiásticas" (ou no contexto americano "denominacionais") dependerá, como vimos, do grau em que seus conteúdos se desviarem do consenso cognitivo da sociedade em geral. Em qualquer um dos casos, enquanto os conteúdos religiosos estão "vivos" e não "mortos", as comunidades que os corporificam serão comunidades de prática e de teoria. A prática poderá assumir formas diferentes (possivelmente formas políticas também), mas uma forma que inevitavelmente reaparecerá, por causa da natureza intrínseca da religião do homem, é a adoração. É na adoração que o gesto prototípico da religião sempre de novo se realiza. Este é o gesto que o homem faz esperando alcançar a transcendência.

Inevitavelmente, este capítulo e o anterior acabaram traçando programas. Em circunstâncias ideais, teria eu que esperar até, digamos, o décimo aniversário da minha aposentadoria antes de estar numa posição de apresentar sequer um esboço destes programas. Devo confessar uma certa falta de paciência, do tipo americano, em tal ascese intelectual. Mas devo confessar que sou também muito suscetível a outra tendência americana, a saber, o sentimento de que se deve provar o que diz ou calar-se. Não querendo (evidentemente) ficar quieto, e não podendo fazer este trabalho no grau desejado, ainda assim gostaria de aventurar alguns passos além da apresentação de programas. Como anteriormente tentei mostrar o que poderia significar para a teologia um ponto de partida antropológico, assim deveria propriamente concluir este capítulo com pelo menos algumas indicações de como as tradições deveriam ser confrontadas em termos do programa teológico que sugeri. Por razões óbvias de economia, estas observações limitar-se-ão à tradição cristã[49].

Uma possibilidade seria uma abordagem diferenciada da tradição. Com respeito a alguns elementos da tradição, posso ver uma forte reafirmação de suas formulações clássicas, uma reafirmação *adversus modernos*, "contra os modernos", diante

---

49. As seguintes observações, naturalmente, contêm alusões a uma variedade de posições e controvérsias teológicas. O leitor teologicamente informado as identificará imediatamente (e, muito provavelmente, deplorará sua aplicação!). Achei, porém, que nada se ganharia estudando estes parágrafos com referências, que somente impediriam a consideração das possibilidades ou impossibilidades de uma tal abordagem.

dos olhos da consciência secularizada. Com respeito a outros elementos, só posso ver a possibilidade de extrair certas descobertas de seu contexto clássico e de começar novamente a tarefa da formulação teológica. Minha abordagem será então "herética" no sentido estrito da palavra – uma posição teológica marcada pela seletividade cara a cara com a tradição. Deixo para outros colocar minhas escolhas neste ou naquele verbete do volumoso catálogo de antigas heresias que cada dogmático parece saber de cor. Além do prazer de reconhecimento que possa ter por topar com alguns companheiros ideológicos, digamos, na antiga Alexandria ou Antioquia, tais atribuições podem ter sério significado só para os ortodoxos.

Adversus modernos, eu reafirmaria sobretudo a concepção de Deus que emergiu na experiência religiosa do antigo Israel e que está à nossa disposição na literatura do Antigo Testamento. É possível, com toda a cautela e com plena consciência do imenso âmbito cultural comparado da religião humana, falar aqui de *uma descoberta de Deus*. O Deus que Israel descobriu (na sua própria autocompreensão, é claro, era esse Deus que se revelou a Israel) era uma novidade nunca antes ouvida no contexto do mundo religioso do Antigo Oriente Médio. Era um Deus que era totalmente outro com respeito à realidade "natural" da experiência humana, não sendo possível encontrá-lo nem dentro do homem (como nas religiões orgíacas das culturas vizinhas) nem dentro do mundo (como em qualquer concepção de uma conexão necessária entre uma divindade e um povo particular). Ele estava fora do homem e fora do mundo e, no entanto, era também o criador do homem e do mundo. Sua soberana transcendência e sua alteridade não implicavam, contudo, indiferença ou inacessibilidade à realidade da experiência humana. Ao contrário, este Deus é encontrado como um Deus que fala ao homem e cujas manifestações devem ser procuradas sobretudo nos acontecimentos históricos da experiência humana. E o falar de Deus ao homem assume, primeira e principalmente, a forma de uma exigência ética de poder dominante.

Nesta concepção central de Deus, a tradição bíblica (na qual, neste particular, devemos incluir não só o judaísmo e o cristianismo, mas também e definitivamente o islã, com seu violento protesto contra qualquer diluição da majestade transcendente de Deus) destaca-se nitidamente das grandes tradições religiosas da Índia e do Extremo Oriente, e também da mundanidade e do neomisticismo do moderno secularismo ocidental, que, toda vez que fica inquieto em sua prisão, pode procurar um escape somente numa ou noutra expedição para dentro das supostas profundezas da própria consciência (como nas várias formas de salvação psicológica contemporânea). Misticismo, falando em sentido lato, é toda prática ou doutrina religiosa que afirma a unidade última do homem e do divino. Esta qualidade fundamental do misticismo foi classicamente formulada no hinduísmo pela fórmula *tat tvam asi* – "Vós sois isso", isto é, as profundezas da alma humana são idênticas às profundezas divinas do universo. A religião mística, portanto, sempre procura a salvação dentro das supostas profundezas da própria consciência. Por causa disto é que o termo "neomisticismo" calha bem no que está acontecendo hoje em dia sob a bandeira da psicoterapia. Todas estas buscas de salvação a partir de dentro são diametralmente opostas à concepção bíblica de Deus, como alguém que está fora do homem e frente a ele.

O Deus da tradição bíblica é a antítese da grande identidade proclamada pelos místicos, é a antítese de qualquer possível variação do tema. Para reafirmar esta descoberta de Deus em nossa situação seria talvez preciso a formulação de novos credos, embora seu conteúdo fosse, neste caso, bem tradicional – a reafirmação de Deus que não é o mundo e que não foi feito pelo homem, que está fora e não dentro de nós mesmos, que não é um sinal de coisas humanas, mas de quem as coisas humanas são sinais, que é simbolizado e não um símbolo. É *este* o Deus, totalmente outro e, no entanto, acessível na experiência humana, em que a fé verá o fundamento da ordem, justiça e compaixão no mundo. É *esta* a transcendência da qual certos gestos humanos no mundo são sinais. E é a fé *neste* Deus (como aconteceu na história religiosa de Israel) que resulta numa esperança que vai além dos limites da morte.

Estas afirmações são tão judias ou maometanas quanto cristãs. Em termos dos credos cristãos clássicos, referem-se ao primeiro artigo da fé, antes que ao segundo ou terceiro. É com respeito a estes dois últimos estratos da tradição que eu encontraria uma nova aventura teológica mais plausível do que uma reforma das ortodoxias tradicionais. Se alguém pode realmente falar de uma descoberta de Cristo, como pode falar de uma descoberta de Deus, então vejo o laço entre os dois no angustiante problema da teodiceia. Toda cristologia se preocupa com salvação. Falar de Cristo é falar da redenção do homem, mesmo nas controvérsias cristológicas aparentemente as mais confusas. Por exemplo, alguns comentaristas modernos acharam graça nos violentos debates na Igreja primitiva sobre a questão se Deus e Cristo deveriam ser entendidos como *homoiousion* ("de substância semelhante") ou como *homoousion* ("da mesma substância") – toda esta agitação por causa de uma letra! Mas nesta única letra grega *iota* estava a questão toda de como Cristo podia ser a esperança de salvação do homem. A fórmula *homoousion* foi finalmente aceita pela Igreja, não por causa de alguma esotérica lógica filosófica, mas porque era necessário à fé afirmar que era Deus, verdadeiramente Deus, que se encarnou em Cristo, sofreu e ressuscitou para a salvação do homem.

A busca de redenção de maneira alguma é a prerrogativa da tradição bíblica. Basta somente recordar a importância da ideia de *moksha* (libertação das tristezas da existência) nas formulações religiosas da Índia antiga. E apesar das grandes diferenças nas concepções acerca do que exatamente deve o homem ser redimido e de como esta redenção possa ser realizada (como, p. ex., entre a concepção bíblica do pecado do homem e a visão hindu da situação de apuro do homem), há uma realidade humana comum, empiricamente dada, que está por baixo de todas as buscas de redenção. É a realidade do sofrimento, do mal e da morte.

Seguramente, há uma enorme diferença entre a perplexidade de Jó sobre sua desgraça no contexto de uma crença na onipotência de Deus e a reflexão de Buda sobre as raízes do sofrimento humano no contexto de uma crença no círculo interminável de reencarnações. Mas a realidade empírica do sofrimento no antigo Israel e na antiga Índia não poderia ter sido muito diferente. O leproso mendicante, que foi uma das quatro visões que levaram o jovem Buda a retirar-se do mundo e a buscar redenção, deve ter tido uma grande semelhança com o israelita atormentado, coberto "de feridas asquerosas da planta dos pés ao alto da cabeça" (Jó 2,7).

A angustiante questão sobre o sentido último do sofrimento humano e do mal é, entretanto, incomensuradamente agravada pela concepção de Deus na tradição bíblica. A descoberta de um único Deus, todo-poderoso e todo bom, criador do mundo e soberano da história, tinha que levantar a questão da teodiceia na sua forma mais aguda possível. Toda cristologia é em sua raiz, creio eu, uma resposta a esta pergunta.

A descoberta de Cristo implica a descoberta da presença redentora de Deus dentro da angústia da experiência humana. Deus é agora percebido não só em terrível confrontação com o mundo do homem, mas presente dentro dele como amor sofredor. Esta presença torna possível a justificação última da criação, e, assim, a reconciliação entre o poder e a bondade do Criador. Da mesma forma, justifica a esperança de que o sofrimento humano tem uma significação redentora. A história do homem acaba por ser considerada como um grande movimento em direção ao momento em que esta justificação se tornará manifesta (na linguagem do Novo Testamento, quando o Reino de Deus tiver enfim chegado). Em Cristo, contudo, esta justificação final é antecipada. A redenção está ainda por vir, enquanto o mundo "neste *éon*" está ainda dominado pelo sofrimento, pelo mal e pela morte. Mas a redenção já está presente aqui e agora, porque, escondido na realidade empírica do mundo, o trabalho essencial de redenção já foi feito. Esta *presença* da redenção é acessível à fé aqui e agora, não só na esperança pela consumação vindoura. É esta dualidade de antecipação e presença que diferencia a fé cristã, por um lado, do êxtase atemporal de todo misticismo, por outro lado, do rígido aprisionamento na história de todas as doutrinas de salvação neste mundo (notavelmente a doutrina marxista).

Até este ponto, é claro, uma tal formulação cristológica é passível de incorporação a esta ou àquela posição ortodoxa. Onde se torna desesperançosamente heterodoxa é em sua omissão à referência histórica àquele Jesus que foi crucificado sob Pôncio Pilatos. Dificilmente se pode duvidar de que foi em conexão com os acontecimentos que cercaram a vida de Jesus que emergiu esta nova compreensão da relação de Deus com o homem. Isto é admitido tanto pelos que querem radicar a fé cristã na figura histórica como pelos que veem somente a figura testemunhada (e presumivelmente transformada) na mensagem da Igreja primitiva. Por mais importantes que possam ser as descobertas dos estudiosos da história sobre estes acontecimentos, acho difícil ver como, na esteira de todas as relativizações de que temos que tomar conhecimento hoje, uma fé indutiva possa repousar sobre a autoridade exclusiva destes acontecimentos – e assim, como a descoberta de Cristo como a presença redentora de Deus no mundo possa ser exclusivamente ligada à figura do Jesus histórico. Se *esta* exclusividade deve ser identificada com o tão gabado caráter histórico da fé cristã, então talvez este caráter histórico particular tenha que ser preterido em favor de um caráter mais ecumênico. Com esta *haeresis* heterodoxa, entretanto, a exclusividade da tradição cristã será relativizada no segundo e terceiro artigos da fé (os artigos sobre Cristo e a Igreja), como foram classicamente formulados.

Vejo Cristo como historicamente manifestado em Jesus, mas não historicamente dado (como a particularidade esplendidamente desafiadora da frase do Credo "sob Pôncio Pilatos" ou toda a especificidade por demais precisa da datação dos acontecimentos que cercam o nascimento de Jesus como sugere Lc 2,1-2). Em outras palavras, a presença redentora de Deus no mundo é manifestada na história, mas não é dada uma vez por todas nos acontecimentos históricos particulares referidos no Novo Testamento. Sou, pois, constrangido a desconsiderar a insistência dos autores do Novo Testamento de que a redenção repousa somente "neste nome" de Jesus Cristo (i. é, o nome que liga a figura histórica com o alcance cósmico da presença redentora de Deus). Isto nos leva à afirmação de que enquanto Cristo pôde ser e foi "nomeado", Ele não é idêntico a nenhum nome – uma afirmação que beira àquelas heresias cristãs que desenfatizavam o Jesus histórico a favor do Cristo cósmico, redentor de todos os mundos possíveis. Mas não quereria tomar parte no afastar-se da história, nem no pessimismo de muitas destas heresias (notadamente, é claro, as heresias gnósticas).

 Segue-se que a comunidade (ou mais exatamente as comunidades) na qual Cristo se torna manifesto não pode ser identificada com quaisquer "nomes" ou tradições particulares, embora Ele possa estar mais manifesto em umas do que em outras. A presença de Cristo terá que ser determinada não por uma sucessão direta a partir de um certo ponto do passado, mas antes a partir da evidência tal como pode ser encontrada na realidade empírica das comunidades, cujas ações possam chamar-se redentoras. Onde quer que comunidades se reúnam em torno de atos de amor redentor, lá devemos procurar descobrir a presença de Cristo. A comunidade redentora de Cristo no mundo deve ser vista como um contínuo vir a ser na história empírica do homem. Estará lá, implicitamente, onde quer que gestos redentores de amor, esperança e compaixão forem repetidos na experiência humana. Tornar-se-á explícita onde quer que estes gestos forem entendidos em relação ao Deus que criou e redime o mundo, que pode muito bem ter estado "em Jesus", mas que sempre de novo está presente nas imitações humanas de amor redentor. Cada comunidade semelhante, seja implicitamente em suas ações, seja explicitamente em sua adoração, antecipa aqui e agora a consumação da redenção para a qual o mundo está se movendo.

 Estou bem consciente do fato de que, na tentativa de mostrar como uma posição teológica indutiva poderia entrar em conflito com uma tradição religiosa particular, balancei barbaramente para a direita e para a esquerda, cortando uma multidão de nós górdios cuidadosamente feitos durante séculos de elucubrações teológicas. Cada afirmação nos parágrafos anteriores, para ser adequadamente defendida (ou, como os alemães tão graciosamente dizem, "protegida"), exigiria pelo menos um livro do tamanho deste. Confesso-me culpado da acusação de "terrível simplificação". Entretanto, talvez certo tipo de simplificação deveria há tempo ter sido feita no campo do pensar teológico. Espero que seja uma simplificação não por ignorância, mas num esforço de atingir as questões básicas. Poder-se-ia ainda apontar o fato de que muitas arrancadas intelectuais novas só se tornaram possíveis depois que a abundante complexidade, acumulada antes delas, foi uma vez mais reduzida a uma simplicidade abrangível pela nossa vista.

5 Uma visão luterana do elefante*

Permitam-me iniciar dizendo que me sinto muito honrado e satisfeito em falar aqui sob os auspícios do Fórum Interluterano. A maioria das minhas palestras anteriores foram, por algum motivo, patrocinadas pela Igreja Católica Romana, fazendo com que minhas credenciais luteranas acabem ficando em dúvida, e é tempo de eu fazer algo para renová-las. Talvez hoje se faça isso. Devo lhes dizer, porém, com toda simplicidade que a minha aceitação do convite para falar aqui não foi motivada somente pela erupção de minha identidade luterana latente. Disseram-me que minha palestra esta noite deveria ser leve, talvez até bem-humorada; mas também deveria ser séria, teológica até; e, naturalmente, deveria ter um enfoque luterano. Francamente, este foi um desafio que achei difícil rejeitar. Por isso estou aqui. Não podia agir de outro modo, não, em todo caso, sem olhar para mim mesmo como evitando o que pode ser a mais formidável incumbência de minha carreira de conferencista.

Este compromisso me fez imediatamente pensar na clássica piada judia. (Quase todas as piadas clássicas são judias, naturalmente. Uma das tarefas mais urgentes antes de se entrar no diálogo cristão-judeu, que é tão procurado hoje, é pesquisar a estrutura do humor judeu. Não estou querendo ser engraçado,

---

* *Inter-Lutheran Forum*, Advento de 1978.

quero ficar sério. Mas, infelizmente, este não é o meu assunto hoje.) Realizou-se uma competição internacional para ver qual era o melhor livro sobre o elefante. O livro alemão tinha três volumes com um tratado científico sobre o sistema nervoso do elefante; o livro francês era uma pequena novela erótica sobre elefantes; a contribuição britânica levava o título *Reminiscências dos dias de caça ao elefante em Tanganica*; o livro russo, *Elefantes existem?* e a obra americana tinha por título *Elefantes maiores e melhores*. A contribuição judia intitulava-se: *O elefante e a questão judaica*. Como eu disse, pensei nessa piada assim que recebi a ordem de marcha desta noite. Desde então a questão foi apenas de livre-associação. Tendo em vista um aniversário próximo que está sendo anunciado em algumas publicações que talvez sejam familiares a vocês, primeiro pensei em dar à minha palestra o título "O elefante e a inalterada Confissão de Augsburgo". Pensei, porém, que isso seria forçar um pouco. Por isso nesta noite o título será mais modesto: "Uma visão luterana do elefante".

O elefante sempre ocupou um lugar particular na imaginação humana. E não é de admirar. Desde a extinção dos répteis gigantes, ele foi o maior animal sobre a Terra. Ele ficou marcado na mente humana por seu enorme tamanho, sua força, sua forma estranha. Apareceu pela primeira vez na Europa, pelo que eu saiba, quando Aníbal subiu os Alpes com seus elefantes de guerra, infundindo terror nos romanos e contribuindo para o adjetivo "elefantino" para uma sequência de línguas europeias derivadas do latim. Parece que os europeus estavam propensos a acreditar em quase tudo acerca do animal. Estrabão, por exemplo, informa-nos que o elefante, copulando num frenesi feroz, emprenha a fêmea "descarregando uma espécie de matéria gordurosa através de suas fossas respiratórias que ele tem ao lado de suas têmporas". (Tenho consciência de estar me dirigindo a um público de luteranos, treinados na *Wissenschaftlichkeit*, e por isso lhes devo dar a referência: está no livro quinto de *Geografia*, capítulo 1, seção 43, e cito a partir da tradução de Horace Leonard Jones, Londres, 1930. No que se refere à *Wissenschaftlichkeit*, a passagem dificilmente fala por si, como concordará qualquer visitante do zoológico do Bronx. Mas que seja.) Fora da Europa, naturalmente, os elefantes sempre foram mais do que invasores ocasionais, e o imaginário elefantino sempre foi mais proeminente. Em numerosas culturas africanas o elefante é um animal sagrado. Ele embeleza os brasões da Tailândia até os dias de hoje. Por todo o sul e sudeste da Ásia existem mitos e lendas sobre ele. E na Índia o elefante é a forma de uma das mais populares divindades, *Ganesh* ou *Ganesha*, que é também um tema importante e recorrente na arte indiana.

A enormidade do elefante inspira espanto. Como todas as coisas enormes, ele é cômico. De fato, a palavra inglesa *enormity* sugere tanto tamanho grande como estranheza que provoca riso. Permitam-me observar de passagem que não é casual que o termo "elefantíase" é dado à doença em que uma parte da anatomia humana incha enormemente, e os africanos, apesar do horror à doença, também acham o espetáculo engraçado. (Eu não acho que este fato deva ser interpretado como crueldade, mas não posso seguir este tema aqui.)

Mas voltemos para mais perto de casa. O tamanho enorme do elefante serve como um expediente cômico para indicar várias enormidades da vida social comum. A enormidade do anunciante, por exemplo, que está preparado para fazer qualquer reclame, por absurdo que seja, de seu produto. Como se colocam cinco elefantes num fusca? É fácil, dois na frente e três atrás. Ou a enormidade da ética capitalista em geral, como a piada sobre o turista americano na Índia. Um indiano está tentando vender-lhe um elefante pela pechincha de 800 dólares. O americano não quer comprar, diz que mora em Nova York, no décimo oitavo andar de um prédio, num pequeno apartamento de sala e quarto. O indiano continua baixando o preço – 750, 700, 600 dólares – e o americano continua dizendo que não. Finalmente o indiano diz: "Sahib, vejo que o senhor sabe barganhar. Vou fazer a última oferta: *dois* elefantes por 650 dólares". E o turista americano (o sujeito que mora no décimo oitavo andar de um quarto e sala da rua 73 leste) diz: "*Agora* começamos a nos entender!"

Mas permitam-me contar aquela que eu acho que é a *Ur*-piada de elefante, que pode ser encontrada, creio eu, no perdido oitavo livro do *Ramayana*, o grande épico hindu sobre o caso amoroso infindável entre Rama e Sita. Um rato aborda um elefante. O rato é macho, o elefante é fêmea. A elefanta está de bom humor e olha para baixo benignamente para o rato: "Oi, ratinho. Eu sou tão grande e você tão pequeno. É muito engraçado. Gosto de você, ratinho". Com isso o rato toma coragem e diz: "Oh, senhorita elefanta, você de fato é muito bonita. Vou contar-lhe um desejo que tenho faz muitos, muitos anos. Sempre quis fazer amor com uma elefanta. Você deixa?" A elefanta ri ruidosamente, com a tromba bate em suas pernas traseiras e diz: "Claro, vá em frente, ratinho". A elefanta deitou-se debaixo de um coqueiro e acomodou-se para o rato da melhor maneira que pôde. O rato começa com muito entusiasmo a pôr em prática seu antigo desejo. A elefanta, naturalmente, mal notava o que estava acontecendo e acaba pegando no sono. Mas depois de um minuto mais ou menos uma lufada de vento soprou entre as árvores e cai um coco na cabeça da elefanta. A elefanta acorda e exclama: ui! Com o que o rato diz todo solícito: "Oh, desculpe. Eu machuquei você?"

O que devemos fazer com tudo isso? Bem, há uma tradição central no moderno pensamento ocidental que serve para iluminar todo este simbolismo elefantino. É a tradição de entender todos os sistemas simbólicos como projeções da situação humana. Ludwig Feuerbach colocou esta compreensão em termos clássicos, mas há muitas variações. O fenômeno radical é a capacidade humana de infundir significado no mundo e, mais especificamente, fazer com que realidades não humanas representem (i. é, simbolizem) realidades humanas. Assim, em cada uma das nossas piadas de elefante, o elefante representa ou simboliza esta ou aquela realidade humana. Essa realidade humana pode ser coletiva ou individual, e o simbolismo do cômico pode ser exitosamente entendido como uma projeção tanto das preocupações sociais quanto das psicológicas. Freud, certamente, deu-nos a psicologia paradigmática do cômico em seu livro *O humor e a sua relação com o inconsciente*. Os marxistas, aparentemente sem exceção, são completamente sem humor, mas se aparecesse um teórico marxista com senso de humor, ele não teria nenhuma dificuldade em formular uma teoria marxista do cômico em termos de projeção de luta de classe, falsa consciência e coisas semelhantes. Ora, podemos discutir os detalhes da teoria freudiana ou marxista – eu certamente discuto –, mas é importante ressaltar que a intuição fundamental de Feuerbach (o vovô tanto de freudianos como de marxistas) é plenamente válida: o homem é de fato o grande projecionista, o fazedor de símbolos. Não satisfeito com organizar sua própria vida individual e coletiva em termos de representações simbólicas (a mais básica das quais, certamente, é a linguagem humana), ele projeta seus símbolos dentro do cosmos. Esta é apenas outra maneira de dizer que o homem *humaniza* o cosmos – ou, para usar um velho termo, o homem vê o universo a partir de uma perspectiva antropológica.

As piadas humanizam o universo. A religião também. Feuerbach entendeu isto de maneira brilhante e persegue esta intuição em seu programa de reduzir a teologia à antropologia, um programa que se tornou a agenda de filósofos, psicólogos e pensadores sociais nos últimos cento e cinquenta anos. Provavelmente não é exagero dizer que a redução feuerbachiana também foi o tema central dos teólogos cristãos, especialmente protestantes, durante o mesmo período, quer eles aderissem ao programa ou procurassem rejeitá-lo. No entanto não deve haver dúvida de que os elefantes cômicos e míticos são produtos da mente humana; eles são elefantes *nossos*. Nós os elaboramos e, ao fazer isto, os enchemos com conteúdos derivados de nosso próprio ser e de nossa própria situação. Dito em outras palavras: a figura de *Ganesh* é um símbolo humano. O que ele exatamente simboliza pode ser discutido – o Complexo de Édipo não resolvido do parto brâmane, as contradições do sistema de casta, ou, quem sabe, as propensões mitopoéticas da gramática sânscrita. Ninguém perderia seu tempo discutindo que a figura é um símbolo.

Seja o que for que vocês estejam pensando do caminho que tomei, devem concordar que cheguei à teologia, como combinado. Portanto, permitam-me dizer de modo mais sucinto onde cheguei: os deuses são projeções da mente humana. Os deuses são símbolos da condição humana. Por conseguinte, a religião pode ser exitosamente analisada como um sistema simbólico humano – histórica, sociológica, psicológica e linguisticamente. Por conseguinte, qualquer teologia que negar isto (seja ela ortodoxa, neo-ortodoxa ou qualquer outra) é um beco sem saída. Não se chega a lugar nenhum, em teologia como em qualquer outra busca, se o ponto de partida for a negação da realidade empírica demonstrável.

Mas esta não é toda a história. A pergunta se a religião é um arranjo de símbolos humanos foi respondida de modo definitivo, e a resposta foi positiva. Neste sentido, Marx estava perfeitamente certo quando, fazendo trocadilho com o sentido do nome de Feuerbach, ele disse que cada um tinha de passar por este "regato fogoso". O problema da Teoria da Religião de Marx é que ele *não* atravessou esse riacho, mas ficou encalhado nele – como ficaram Freud, Nietzsche, e ainda estão encalhados inúmeros teólogos cristãos contemporâneos. Mas ainda há uma outra pergunta, realmente muito simples. Se a religião é um arranjo de símbolos humanos, *ela é só isso?*

Vou contar uma história. Um dos, infelizmente, menos conhecidos colegas de Marco Polo foi o grande viajante veneziano Giacomo Granbocca. (Vamos! Busquemos a referência. Ele foi o autor de um livro intitulado *Miracoli dell'India*, que vocês podem ler na tradução inglesa do Rev. H.H. Shuttleworth, Glastonbury, Connecticut, 1834.) O capítulo 81 do *Miracoli* de Granbocca contém uma longa dissertação sobre elefantes indianos. Aí ele nos diz, entre outras coisas, que a elefanta mata o macho imediatamente após emprenhada e que os elefantes golpearão até a morte qualquer um que quiser colocar-se como líder deles. Ora, como sabemos do prefácio acadêmico de Shuttleworth ao *Miracoli*, Granbocca era eunuco e exilado político. Não que Shuttleworth possa ter feito isso, congregacionalista reprimido e reacionário do século XIX que era, mas não se teria muita dificuldade em se fazer uma interpretação freudiana ou marxista dos relatos de Granbocca sobre elefantes: Os elefantes de Granbocca eram projeções ou símbolos dos problemas psicossociais e sociopolíticos de Granbocca. De fato, com algum esforço é possível interpretar toda a sua obra nestes termos. Em outras palavras, é possível tratar esta obra como se ele não tratasse absolutamente da Índia, mas da mentalidade e da vida de seu autor. Neste ponto, porém, a interpretação terá ido longe demais. Posso lhes garantir que há outras afirmações feitas por Granbocca sobre a Índia, mesmo algumas declarações dele sobre elefantes, que foram corroboradas por outros relatos. Quer dizer, há *algumas* coisas que Granbocca nos diz sobre a Índia que (não importam suas fantasias sexuais e políticas) retratam fatos. O que a interpretação exageradamente simbolista de vocês deixa fora é que a Índia é um lugar real, Granbocca esteve lá, e existem elefantes na Índia.

Permitam que eu coloque isto em termos gerais: tanto a comédia como a religião são simbolizações humanas, mas ambas têm também intencionalidade ontológica. Ambas implicam um acesso a realidades objetivas no mundo externo à mente humana. Acho que as duas esferas do cômico e do religioso estão profundamente aparentadas. De qualquer modo, dizer que os deuses são símbolos humanos é o começo, não o fim, do processo de reflexão sobre eles. Qualquer entidade pode servir como símbolo para qualquer outra entidade, mas esta capacidade de simbolizar não diz *ipso facto* nada sobre o *status* ontológico da entidade simbolizadora (nem, neste caso, da simbolizada). Dado isto, abre-se uma avenida totalmente nova de exploração. Agora podemos perguntar: Os deuses existem à parte de sua capacidade de simbolizar a condição humana? Se existem, como podemos avaliar os relatos que deles nos foram transmitidos? Além disso, poderia acontecer que os deuses realmente se manifestam na condição humana? Mesmo uma resposta hipoteticamente positiva a esta última pergunta faria com Feuerbach exatamente o que Marx fez com Hegel, a saber, pô-lo de cabeça para cima. Pois de repente o simbolizador apareceria como símbolo, o projecionista como projeção. Neste momento o meu argumento se torna um tanto pesado. É hora de voltar aos elefantes.

Ao contar algumas piadas de elefante, acentuei a imensidão do elefante. Eis uma variante da *Ur*-piada de elefante: Um elefante e um rato estão atravessando uma ponte. Quando os dois se encontram, o rato diz: "Cara, nós fizemos a ponte balançar!" Mas o tamanho é sempre relativo. O elefante é imenso quando comparado com um rato, ou com um homem. Mas eu arriscaria uma interpretação de que nessas piadas o homem é representado pelo rato, não pelo elefante. E o elefante, por sua vez, representa uma imensidão muito mais vasta do que a deste animal empírico particular. Mais uma vez pensaríamos em *Ganesh*. E aqui, ponho minha mão no fogo. Sustento que o elefante representa a vastidão do universo em que o homem se encontra. A enormidade em questão, portanto, é finalmente cósmica. E neste contexto devem ser vistos os outros aspectos do elefante – o grotesco e até o absurdo. Sendo assim, podemos aprender tudo disto – *não* sobre o homem desta época, mas talvez sobre o cosmos?

Houve uma vez um congresso internacional de filósofos. Um filósofo indiano está conversando com um americano. "Vocês ocidentais têm uma ideia completamente errônea acerca do universo. Vocês acreditam que a Terra é uma bola girando em torno do Sol. Isso é um grande erro. Realmente, a Terra é um disco plano apoiado sobre as costas de um enorme elefante". "Isto é muito interessante", diz o americano, "mas o que sustenta o elefante?" "Há um segundo elefante debaixo do primeiro", responde o indiano. "E o que sustenta o segundo elefante?" "Oh, sim, há um terceiro elefante apoiando o segundo". E quando o americano ia fazer outra objeção, o indiano diz: "Meu caro, você deve enfrentar isto: há elefantes *durante todo o tempo*".

Havia também o jovem americano que estava em peregrinação pelo Oriente para descobrir o segredo da vida. Disseram-lhe que no alto do Himalaia havia um homem santo que lhe daria a resposta. Depois de muitas semanas de árdua subida e muitas dificuldades o jovem americano finalmente alcançou o pico em que o santo homem estava sentado, imóvel, em perpétuo êxtase. "Senhor", disse o jovem americano, "meu nome é John P. Schulze, sou de Cleveland, Ohio, e viajei pelo mundo inteiro para descobrir o segredo da vida. Sei que o senhor sabe o segredo. Pode, por favor, dizê-lo para mim?" O santo homem saiu de seu êxtase e disse: *"A vida é uma gigantesca bosta de elefante"*. O jovem americano ficou confuso por um momento com isso, então perguntou: "Uma gigantesca bosta de elefante? O senhor tem certeza disso?" "Claro que não!", disse o santo homem, "você tem outra sugestão?"

Todas estas piadas de elefante estão ligadas pela discrepância. Como disse corretamente Henri Bergson, a discrepância está no cerne do fenômeno cômico. (Acho que ele só estava errado a respeito da natureza da discrepância. Ele achava que ela estava entre os elementos animados e mecânicos na realidade; argumento que esta interpretação é estreita demais.) A essência da discrepância cômica é a desproporção entre o homem e o universo no qual ele está lançado. Supondo-se que é assim, então o cômico não é mais do que uma projeção da subjetividade humana. É também, e de maneira muito mais importante, um modo de percepção. Em outras palavras, o cômico tem a qualidade da cognição, mediando intuições da constituição objetiva da realidade. Nesta realidade cognitiva, o cômico é muito aparentado da religião. Pois no centro do fenômeno religioso também está a experiência de discrepância entre o homem e o universo – seja ele uma matéria de absoluta dependência (Schleiermacher), o ajustamento de uma ordem invisível (William James), o encontro destroçante com o *mysterium tremendum* (Rudolf Otto) ou simplesmente a dicotomização da realidade em sacro profano.

Mas a afinidade entre o cômico e o religioso vai além desta estrutura cognitiva. Em ambos os casos há também uma libertação, uma qualidade redentora destas intuições cognitivas, o riso redime. De fato, seria ousadia dizer que cada piada é, em sua essência, uma síntese da salvação. A gargalhada morre, a piada acaba. A redenção do cômico é momentânea, transitória, muito frágil. Mas nos momentos transitórios regidos pelo cômico ele ilumina, num vislumbre, o destino último da relação do homem com o universo. Este destino é riso libertador. E esta intuição, naturalmente, é religiosa no sentido mais exato da palavra.

A discrepância é a condição humana, descrita com precisão por Pascal como o ponto médio entre o infinito e o nada. Toda vez que o homem se afasta do nada, confronta-se com o infinito. Chegar a pensar nele, há melhor imagem de um homem tentar chegar a um acordo com o universo do que a de um rato tentar fazer amor com uma elefanta? O elefante, por causa de seu *status* distintivo no reino zoológico, é o que poderia ser chamado de símbolo natural desse infinito com o qual o homem se confronta e que tende a alcançar. Ele é vasto, poderoso, grotesco em suas proporções, reduzindo outros elementos da realidade ao absurdo. Acima de tudo, é totalmente diferente do homem, meta-humano, *outro*. Ou, como colocou Otto em sua fenomenologia da experiência do sagrado, ele é *ex toto aliter*. No entanto (e aqui está o profundo paradoxo de toda experiência religiosa), este *outro* manifesta-se *aqui*, neste mundo ("aqui embaixo", como disse Mircea Eliade). Ou, preferindo-se as categorias temporais do pensamento bíblico sobre o simbolismo espacial (eu acho que a diferença entre estes dois tipos de expressão simbólica foi grandemente exagerada), o *outro*, para o qual se move o tempo todo, manifesta-se *agora*, "neste *éon*". O infinito, o totalmente outro se manifestou aqui e *agora*, no mundo empírico da existência humana, e essa manifestação é uma promessa de redenção. *Esta* é a experiência comum do cômico e do religioso, do *homo ridens* e do *homo religiosus*.

Talvez agora fique claro que estas considerações põem *Ganesh* numa luz muito diferente – e junto com *Ganesh* todas as outras figuras grotescas do panteão hindu, e todas as outras construções mitológicas pelas quais o homem tentou entrar em acordo com as comunicações do infinito. E talvez agora fique mais claro o que eu quis dizer um pouco atrás que Feuerbach devia ser posto de pé. Certamente, um deus elefante é uma projeção humana. Mas um deus elefante também é algo mais – um símbolo da presença do infinito dentro da finitude do mundo empírico. Quase que se é tentado chamá-lo de *projétil*, nesta perspectiva, pois as manifestações do infinito têm o caráter de uma invasão, de algo lançado na terra desde os céus onde os deuses habitam.

Vou tentar resumir tudo isso. Se alguém fala de religião como um sistema simbólico, está se referindo a duas questões totalmente diferentes. Ambas são importantes. Como todas as simbolizações humanas, a religião refere-se ao mundo humano – sua psicologia, sua sociologia etc. Os símbolos religiosos representam realidades humanas. Mas pertence à própria essência da religião que tenha também outra referência: a religião é uma tentativa dos seres humanos simbolizarem o meta-humano, o *outro*. Quer dizer, os símbolos religiosos representam realidades que estão além do homem e além do mundo da experiência humana. Se não for entendido este caráter dual da simbolização religiosa, entende-se muito pouco dele. Mais ainda: se for entendido isto sobre a religião, então é possível ser capaz (hipoteticamente no mínimo) de entrar na visão religiosa peculiar da condição humana. Nesta perspectiva, o próprio homem é um símbolo, o mundo empírico é um símbolo – isto é, tanto o homem como o mundo representam o que está além deles e o que é, ao mesmo tempo, seu fundamento último. Permitam-me colocar esta mesma proposição numa frase minha: Dentro do mundo empírico existem sinais de transcendência.

Cumpri minha tarefa aqui? Não tenho certeza de ter sido espirituoso. Certamente fui teológico. Realmente, toquei em duas questões que, em minha opinião, são cruciais para o empreendimento teológico hoje: a compreensão da religião como um sistema simbólico, e o encontro com símbolos provenientes de tradições religiosas diferentes da própria. Não posso ser censurado por ter tido um foco estreito demais. Talvez minhas observações aqui estejam sofrendo de uma espécie de elefantíase teórica! A única coisa que não fiz ainda foi colocar num ponto de vista luterano. Vou tentar.

O óbvio gancho luterano onde pendurar minhas observações (ou talvez para me enforcar) é, certamente, a proposição clássica que *finitum capax infiniti*. Esta proposição, se a memória não me falha, tem sua origem nas controvérsias entre luteranos e calvinistas no período após a Reforma. Não posso dizer que essas controvérsias me interessam muito. No entanto, acho que esta antiga formulação luterana tem sua importância para a contestação entre teologia cristã e o impulso reducionista do pensamento moderno.

A história humana está cheia de simbolizações do infinito. A tendência esmagadora do pensamento moderno foi reduzi-las, traduzi-las para simbolizações de finitude. No pensamento moderno o finito não é exatamente capaz do infinito – ele o absorve. A proposição básica da Modernidade (a essência da secularidade moderna) é dizer: não há ninguém aqui senão nós humanos, cada um de nós carrega consigo a pequena máquina de símbolo – e às vezes ficamos um pouco fanáticos e estouramos nossos símbolos no céu. Eu argumentei que esta proposição moderna é absolutamente correta, mas ela só conta a metade da história. Pois o infinito manifesta-se na finitude. Quando faz isto, o finito é revelado como símbolo do infinito. Então até nossas pequenas máquinas de símbolos se mostram modestas, às vezes dolorosamente modestas, tentativas de imitar o vasto símbolo que é o cosmos. Além disso, as manifestações do infinito dentro da finitude devem necessariamente parecer estranhas, grotescas, absurdas. Quer dizer, parecem assim a seres como nós, cujos órgãos de percepção e modos de expressão estão ligados ao mundo finito da realidade empírica. É como se seres bidimensionais procurassem dominar uma terceira dimensão que se intromete em seu espaço. Às vezes, estas intromissões são tão poderosas que os seres humanos que os experienciam sentem que o mundo empírico foi miraculosamente transformado. Isso acontece nas experiências que Mircea Eliade chamou hierofanias, que as tradições monoteístas da Ásia Ocidental subsumiu na categoria de revelação. Para a maioria dos seres humanos, porém, a presença do infinito é mais velada, menos dominadora. Ela é encontrada nos rituais tradicionais e nas experiências marcantes da vida comum. Na maior parte das vezes, em outras palavras, o infinito não é encontrado como um milagre transformador dos elementos da realidade comum, mas antes "em, com e sob" estes elementos. E entre estes encontros um lugar muito privilegiado deve ser dado à experiência do cômico.

Talvez tenha havido um aspecto cômico involuntário nesta apresentação, até uma piada não tencionada: parece que estes luteranos acharam o deus elefante hindu... Suficiente. Terminemos liturgicamente: Pelo elefante louvemos ao Senhor!

6 Um funeral em Calcutá

Na Índia, como em outros países do Terceiro Mundo, os funerais são parte da vida do dia a dia de um modo que não têm sido na América faz muito tempo. Em certa ocasião eu, literalmente, choquei-me com um em Calcutá. De repente eu estava na procissão e não percebi do que se tratava até que vi o corpo estendido, sem estar coberto, num andor coberto de flores. Um pequeno grupo de pessoas o seguia até o *ghat* para a cremação, cantando em voz alta e, parecia, fervorosamente. Meu encontro com a procissão funeral foi breve, mas foi uma visão forte, e ficou impressa na minha memória. (Depois vi outros funerais durante a minha estada na Índia, mas este foi o primeiro.) Eu estava indo para um encontro com um indivíduo interessado do diálogo entre hindus e cristãos, e falamos durante algum tempo sobre funerais. Ele foi eloquente a respeito do que ele julgava ser a beleza dos funerais hindus, e começou a recitar, primeiro em sânscrito, depois em inglês, uma passagem do segundo capítulo do Bhagavad Gita, comumente cantado em tais ocasiões.

Os melhores hotéis na Índia não têm somente uma Bíblia nos quartos, mas também uma tradução inglesa do Gita. Por isso, após voltar ao hotel, procurei a passagem. Já a havia lido, mas não tinha conhecido seu *Sitz im Leben* no hinduísmo contemporâneo. Na tradução de Swami Nikhilananda ela é assim: "Como uma pessoa tira a roupa usada e veste uma nova, assim o *self* abandona corpos usados e entra em outros novos. As armas não o cortam; o fogo não o queima; a água não o molha; o vento não o seca. Esse *self* não pode ser cortado nem queimado, nem molhado nem seco. Eterno, está em toda parte, imutável, imóvel, o *self* é o mesmo para sempre. Diz-se que esse *self* é imanifesto, incompreensível e imutável. Portanto, sabendo que ele é assim, você não deve se afligir".

A última linha faz a ligação da metafísica do verdadeiro si-mesmo com a consolação procurada pelos que choram este corpo particular que está para ser queimado. Contém em si a teodiceia central da fé hindu: "*Portanto*, sabendo que ele é assim, você não deve se afligir". Raimundo Panikkär, em sua monumental obra *A experiência védica*, traduz a linha assim: "Portanto, reconhecendo-o como tal, você não deve ficar angustiado". E diz uma nota de rodapé: "Você não deve se afligir, chorar, sofrer, sentir tristeza". O fato de o verdadeiro si-mesmo ser traduzido por *It* por Nikhilananda e por *he* por Panikkär é, não é necessário dizer, significativo no contexto da teodiceia hindu.

As pessoas que seguiam o cadáver pelas ruas de Calcutá estavam consoladas? Não posso dizer; espero que sim. Mas, após ler a passagem no meu quarto de hotel, concluí forçosamente que eu *não* seria consolado. Mais exatamente, mesmo se eu desse crédito à metafísica, não podia aceitar o "portanto" que supostamente oferece conforto. Por quê?

Enquanto refletia sobre isso, ocorreu-me uma palavra do Novo Testamento grego: *Ephapax* ou "uma vez para sempre". Esta palavra é usada várias vezes na Carta de Paulo aos Hebreus com referência à obra redentora de Cristo. Mas não era sua referência cristológica que eu tinha em mente nesse momento, e sim uma referência muito mais geral àquilo que, suponho, poderia ser descrito como sentido da vida especificamente judeu-cristão, um sentido do significado dramático, decisivo *deste* corpo, *desta* vida, *deste* mundo. E, certamente, foi precisamente este sentido da vida que impeliu a tradição religiosa judaica para a fé na ressurreição dos mortos, uma fé que celebra tanto o ser físico como a particularidade individual.

Se minha reação ao funeral em Calcutá verificou apenas o fato de que sou um ocidental com sensibilidades formadas por séculos de civilização judeu-cristã, não valeria a pena refletir sobre ela. Afinal, se as modernas disciplinas da História e das Ciências Sociais nos ensinaram algo, foi a relatividade das mundividências. Descobrir que eu sou um ocidental num quarto de hotel em Calcutá poderia ser uma interessante experiência pessoal, mas não suscita qualquer problema teórico novo. O assunto torna-se interessante de um modo totalmente diferente quando se passa, falando de um modo geral, da sociologia do conhecimento para questões sobre a verdade. Seja estipulado que um indivíduo formado por uma cultura judeu-cristã percebe o mundo de modo diferente que um que se criou na cultura hindu e que estas percepções diferentes atingem o âmago emocional da personalidade que desperta em todo encontro sério com a morte. Seja estipulado ainda que os historiadores e cientistas sociais (se quiser, pode incluir filósofos e psicólogos) podem explicar exaustivamente por que é assim e como surgiu. No entanto, a pergunta continua de pé: Quem está certo a respeito destas duas maneiras de "ser no mundo"? O *que é a verdade?*

Viajei pela primeira vez à Índia logo após terminar meu livro *O imperativo herético*. De um modo muito oportuno, esse livro terminava com uma afirmação de que estava formando-se uma grande controvérsia entre as tradições provenientes da Ásia Ocidental e as que têm suas raízes no subcontinente indiano. Eu tinha proposto também que esta controvérsia que descrevi como sendo entre os centros simbólicos de Jerusalém e Benares deveria ser de vital interesse para a teologia cristã. Alguém já definiu a viagem como uma muleta para os faltos de imaginação. Esta pode ser uma declaração muita áspera, mas tenho absoluta certeza de que lançar a jato o próprio organismo por sobre a superfície do planeta, mesmo com paradas um pouco demoradas *enroute*, não é uma condição necessária para entrar em real contato com visões do mundo e tradições estrangeiras. Todavia o encontro físico com a Índia parece ter um efeito muito específico sobre a maioria das pessoas, especialmente sobre as que têm obsessões religiosas. Eu tenho tais obsessões, aconteça o que acontecer, e o encontro certamente teve um efeito específico sobre mim, um efeito de grande intensidade.

Muitos ocidentais reagem com repugnância diante da Índia. Ouso dizer que, na maioria dos casos, isto provém da miséria humana massiva que é por demais visível nesse país. Eu também me surpreendi por algumas coisas que vi (Calcutá pode ser tão chocante quanto sua reputação), mas vi miséria igual no sudeste da Ásia, na África e na América Latina. E quaisquer que sejam as causas e os remédios para esta miséria (como sociólogo eu tenho algumas ideias sobre ambos), não é plausível pôr a culpa nas tradições religiosas da Índia. É claro que outros ocidentais chegam à Índia com grandes expectativas de iluminação religiosa e filosófica, e até com esperança de encontrar alguma intuição redentora decisiva. Tampouco este era o meu caso. Eu não espero ter experiências salvíficas em lugares incomuns e não procuro uma nova fé para a qual me converter. Mas o encontro físico com a Índia proporcionou-me a confirmação existencial emocionalmente mais intensa do que tinha previamente acreditado intelectualmente: *Aqui está a alternativa mais importante para o sentido da vida, religioso ou outro qualquer,* que foi transmitido pelas experiências coletivas do antigo Israel e da antiga Grécia. E esta alternativa não está ali apenas como possibilidade teórica. Ela me diz respeito existencialmente e também vitalmente. Deve ser levada extremamente a sério.

Resumi esta reação na primeira carta que escrevi para casa após a chegada à Índia. Escrevi que tive a sensação que, o tempo todo, a Índia esteve esperando por mim. Agora eu acrescentaria: *A Índia está esperando por todos nós.* Mas o que isto significa?

Está errado, evidentemente, contrapor o Ocidente e a Índia (Jerusalém e Benares, se preferir) em categorias antitéticas claras. Em ambos os casos estamos lidando com civilizações complexas e variegadas, e no decorrer de sua longa história elas amiúde se interpenetraram bastante. Contudo, é preciso não disfarçar as diferenças profundas que nos sentidos da vida, da morte e do destino humano existem nas teodiceias do Gita e da esperança judeu-cristã na ressurreição. Esta certamente não é uma descoberta nova. Cada vez mais, em ambos os lados, isto ocasionou o que, no contexto da sociologia do conhecimento, chama-se aniquilação – isto é, procedimentos teóricos pelos quais uma definição alternativa da realidade é liquidada, substituída ou declarada nula. Como os hindus e budistas gostam de dizer, as religiões monoteístas, sobretudo cristianismo e islamismo, têm uma longa história de modos de experiência e de pensamento religiosos alternativos de anatematizar. Mas as tradições religiosas da Índia, sobretudo o hinduísmo, têm suas próprias estratégias de aniquilação, talvez mais sutis, mas nem por isso menos intolerantes, como, por exemplo, quando a piedade cristã e muçulmana é interpretada como um estágio infantil na evolução religiosa.

A aniquilação é um tópico fascinante para o historiador, o fenomenologista ou o sociólogo da religião investigarem. Acho que é um exercício muito estéril para o teólogo – e incluirei nesta designação qualquer um que reflete seriamente sobre a questão da verdade religiosa. Acho realmente muito difícil admitir que milênios de experiência e pensamento humanos possam ser postos sob a categoria de erro, não importa se isto for feito nos duros termos do dogma cristão ou muçulmano, ou na soteriologia omniabrangente do hinduísmo ou do budismo. Mas assim que a opção aniquiladora for rejeitada, uma questão enormemente desafiadora aparece: *Se de fato rexistem experiências altamente discrepantes entre estes dois mundos, de que maneira ambos podem ser entendidos como verdade?*

Apresso-me a acrescentar que a última resposta possível que tenho em mente aqui é uma variedade de sincretismo, um mínimo denominador comum, uma teologia *soft* em que todas as saliências são aplainadas. Pelo contrário, estou persuadido que os difíceis choques de sensibilidades religiosas devem ser experienciados e refletidos tão claramente quanto possível – mas sempre na antecipação de uma até então não imaginada transcendência. É claro que a antecipação é em si um ato de fé. Segue-se necessariamente, penso eu, da convicção de que o Deus que conhecemos é um Deus de verdade. Foi esta mesma convicção que permitiu que a teologia cristã corresse pelo menos duas vezes o risco da maior vulnerabilidade possível do exame crítico da filosofia grega: uma vez na era patrística e novamente na escolástica. Uma convicção semelhante tornou possível o encontro entre o pensamento cristão, especialmente no protestantismo, e a força relativizadora da moderna análise filosófica, histórica e social-científica. A controvérsia com Benares corre um risco igualmente grande, mas também uma promessa igualmente grande.

Em uma controvérsia como esta o resultado não pode ser previsto. Se fosse, a controvérsia seria fraudulenta (como os chamados debates com os judeus às vezes encenados pelas autoridades cristãs na Idade Média, com o resultado prefixado). Por isso não posso dizer como será possível responder à pergunta pela verdade em questão entre Jerusalém e Benares. Mas eu tenho ideia a respeito das formas que esta pergunta deve tomar.

A passagem do Gita mencionada antes suscita evidentemente a questão da reencarnação. Dentro da teologia cristã ela foi muito bem evitada desde Orígenes. Existe alguma maneira de a cosmologia do *samsara*, seja em alguma de suas versões hindus ou budistas, poder ser incorporada dentro da experiência judeu-cristã da criação e do destino humano? Então surge de novo a questão do monoteísmo e da particularidade da revelação. A experiência da unicidade de Deus – a experiência de Moisés no Sinai e, na sua forma mais aguda possível, de Maomé no Monte Hira – deve rigorosamente excluir toda outra hierofania? Colocado de modo diferente, não há nada a se dizer, do ponto de vista de Jerusalém, sobre os trezentos mil deuses do hinduísmo, exceto que eles são ídolos? Para os cristãos, a experiência do Deus uno está inextricavelmente interligada com a figura de Jesus Cristo, uma figura de escandalosa particularidade histórica. Acaso será possível dizer que o Deus que esteve em Jesus Cristo também encarnou-se em outras figuras? Colocado de modo diferente, onde estão as fronteiras do *Logos*? Esta é a questão que Raimundo Panikkär perseguiu apaixonadamente desde uma de suas primeiras obras: *O Cristo desconhecido do hinduísmo*. Existe também a questão da natureza. Nós sabemos como e por que o antigo Israel rejeitou violentamente os cultos da natureza das civilizações circundantes do Oriente Próximo, e podemos dizer que essa rejeição era uma necessidade interna da experiência que Israel tinha de Deus. Mas esta necessidade ainda existe? É uma necessidade atemporal? Ao se observarem os peregrinos em Benares, viajando com cantos e flores para o Ganges, deve-se fazer esta pergunta: Podemos nós, filhos de Israel judeus e cristãos, não participar desta experiência do rio sagrado que nos une ao mundo, aos deuses e a todos os seres? Nós podemos simplesmente dizer *não*? Ou acaso a questão entre Elias e os sacerdotes de Baal deve de algum modo ser reaberta, depois de todos estes séculos após o violento dia no Monte Carmelo?

Não longe de Benares fica Sarnath, onde Buda começou sua missão de pregação. Há uma antiga *stupa* comemorando o acontecimento, e no suposto sítio do Parque do Veado mencionado nas escrituras budistas há diversos mosteiros habitados por monges de diferentes países da Ásia. É um lugar de grande tranquilidade, muito mais palpável depois do agitado tumulto de Benares. Para mim, é lá que a contestação toma a sua forma mais premente, num lugar que disputavelmente exprime o ápice da espiritualidade indiana. Onde quer se olhe, existem budas, em pedra ou em ouro, sentados na posição lótus em repouso eterno. A postura física manifesta a experiência religiosa de interioridade que, parece, tem origem nas civilizações mais antigas da Índia – esculturas de homens na posição lótus foram escavadas em sítios pré-arianos no Vale do Indo. E, com todo o respeito devido às formas intermediárias de experiência religiosa, esta interioridade está em clara antítese com os encontros confrontantes da Ásia Ocidental – Moisés diante da sarça ardente, Paulo no caminho para Damasco, Maomé na noite de Cadar. A questão pode ser colocada assim: Como Deus falou da sarça ardente, podemos imaginar Moisés sentado na posição lótus? Ou pode o Senhor Buda, quando estava sentado debaixo da árvore Bo, ter recebido a Torá? E se as duas respostas são negativas, por que é assim?

Não reivindico prioridade necessária para esta forma da questão. Parece-me, contudo, que na contestação entre interioridade e confrontação estão contidos a maioria dos problemas com que o pensamento judeu-cristão terá de lidar ao se deparar com a Índia. O campo do misticismo comparativo é de crucial importância nesta conexão. Acho que o livro de William Johnston (*O olho interior do amor*, com a sua provocativa comparação da *shunyata* budista e a *kenosis* cristã) pode ajudar muito a este respeito. Mas este campo por si só não pode atacar o problema, porque são exatamente as formas *não* místicas da experiência religiosa que forçam a controvérsia. Também é claro para mim que nenhum indivíduo, por instruído que seja, pode progredir muito nesse assunto sozinho. São necessários grupos de indivíduos, com diferentes compromissos religiosos e diferentes tipos de especialidade acadêmica, que se reúnam em torno desses problemas por longos períodos de tempo.

* * *

A única vez que participei de uma celebração litúrgica protestante durante minha estada na Índia foi em Bangalore (quando visitei o Christian Institute for the Study of Religion and Society, um dos locais mais frutuosos para o diálogo hindu-cristão). O culto foi numa velha igreja anglicana, agora pertencente à Igreja do sul da Índia, perto do quartel e exatamente em frente da estátua da Rainha Vitória. Em volta de todo o edifício da Igreja havia placas comemorativas deste ou daquele evento (a maioria mortes) dos dias do exército britânico. Sentei-me perto de uma placa em memória de um oficial do exército muito jovem, que morreu (aparentemente de doença) na década de 1920. O culto era em inglês, na forma CSI do *Book of Common*

Prayer. A assembleia do culto neste monumento ao Raj britânico, porém, era quase inteiramente indiana. Fiquei impressionado pelo fato de que muitas pessoas deixavam os sapatos no lugar e iam descalças receber a comunhão, e eu refletia que no significado penitencial ocidental não havia nada comparado a isso, pois o mais interessante para o significado deste gesto é que os indianos normalmente tiram os sapatos em casa. Esta congregação de cristãos indianos sentia-se perfeitamente em casa neste ambiente, que, para alguém de fora, parecia-se com um interessante transplante cultural. Para mim o choque veio da leitura do Evangelho: era a história de Jesus curando o servo do centurião.

O choque foi mais sociológico do que teológico. Exatamente então ocorreu-me que de fato aqui estavam reunidos os servos do centurião, muito tempo depois da partida dele, e esta é uma maneira pungente de descrever o protestantismo da Índia (de modo algum, apresso-me a acrescentar, uma maneira pejorativa). Mas a mesma descrição, em sentido amplo, aplica-se ao cristianismo na Ásia – um produto do imperialismo ocidental, agora sobrevivendo com maior ou menor adaptação na esteira da era imperial. O cristianismo causou um profundo impacto na consciência da Ásia, tanto diretamente em forma religiosa (aqui basta pensar em Gandhi) como indiretamente na forma de modernização (que, em suas próprias raízes, é um fenômeno ocidental e por isso cristão). O que avisto no horizonte agora é a Ásia devolvendo a cortesia.

Richard Taylor, que está na direção do Bangalore Institute, escreveu um delicioso livrinho intitulado *Jesus em pinturas indianas*. Eu particularmente gosto das pinturas da Escola Moghul, que dão testemunho da surpreendente abertura cultural e religiosa desse período da história do islã indiano. Aqui estão todas as cenas familiares da hagiografia cristã – a Sagrada Família, a Última Ceia, a Paixão – e em cada uma delas Jesus olha para nós nas figuras da imaginação muçulmana. E uma experiência surpreendente do que Brecht chamou *Verfremdung* no teatro – o familiar tornado novo por ser apresentado em formas estranhas. O que agora está acontecendo talvez seja uma manifestação mais surpreendente ainda desse processo de transformação intercultural. Os deuses e os bodhisattvas da Índia começaram a aparecer nas cidades e campus universitários ocidentais, não familiares à maioria de nós. Acaso nos será possível reconhecer um rosto familiar "em, com e sob" estas figuras estranhas? Onde estão as fronteiras do *Logos*?

7 Da secularidade às religiões mundiais*

Um pedido para contar como a própria mentalidade mudou no decurso de uma década é um convite ao narcisismo. Aceitar o convite poderia parecer sugerir um modo de ver absolutamente solene da própria importância. Minha incurável sensibilidade luterana me diz que tal visão é pecadora e meu senso ainda mais incurável do cômico me diz que é ridícula. Contudo, após uma hesitação inicial, aceitei o convite exatamente porque acredito que meu pensamento não é tão incomum por causa de suas peregrinações para não ter uma utilidade comum. Minhas experiências durante os últimos dez anos são, de modo geral, comumente acessíveis, e acho que qualquer um pode chegar à maioria de minhas conclusões.

Em 1969, foi publicado meu livro *Rumor de anjos* e em 1979 o meu livro *O imperativo herético*. Nesse meio-tempo, a maioria de minhas obras de sociólogo não estavam diretamente ligadas à religião, mas preocupadas com a modernização e o desenvolvimento do Terceiro Mundo, bem como com o problema que por primeiro me preocupou no Terceiro Mundo – como as percepções sociológicas podem ser traduzidas em estratégias políticas compassivas. No entanto essas excursões sociológicas

---

* *The Christian Century*, 16/01/1980.

se mostraram como tendo um efeito indireto sobre o meu pensamento acerca da religião.

Se fosse perguntado sobre a experiência mais importante que conduz de um livro ao outro, eu diria que foi o Terceiro Mundo. Na década de 1960 eu estava preocupado com o problema da secularidade e *Rumor de anjos* foi uma tentativa de superar a secularidade a partir de dentro. O Terceiro Mundo ensinou-me quão etnocêntrica era essa tentativa: hoje a secularização é um fenômeno de âmbito mundial, é verdade, mas ela está muito mais arraigada na América do Norte e na Europa do que em qualquer outra parte. Uma perspectiva mais global inevitavelmente proporciona uma visão mais equilibrada do fenômeno. Ao invés, o Terceiro Mundo impressiona com a enorme força social da religião. Foi esta impressão muito poderosa que acabou me levando à conclusão, declarada em *O imperativo herético*, que uma nova "controvérsia" com as outras religiões mundiais teria uma alta prioridade no programa da teologia cristã.

Meu pensamento não mudou de maneira radical durante este período. Os problemas que me preocupavam mudaram consideravelmente, mas minhas posições religiosas e políticas subjacentes permaneceram mais ou menos as mesmas. Todavia, na medida em que mudei, teologicamente movi-me mais para a esquerda e politicamente mais para a direita. Isto confundiu e até angustiou alguns amigos meus. Novamente, o Terceiro Mundo foi decisivo para ambas as mudanças de pensamento. Foi-me dado acesso empírico à imensa variedade e riqueza da religião humana e por isso foi-me impossível – de uma vez para sempre, eu acho – permanecer etnocentricamente fixo apenas na tradição judeu-cristã. Eu mudei mais radicalmente na década de 1950 e no começo de 1960 em meu pensamento sobre religião (retrospectivamente parece que principalmente sob o impacto de experimentar a América depois do que John Murray Caddihy acertadamente chamou "os fanatismos da Europa"), que cresceu mais do que as posições neo-ortodoxas de minha juventude e finalmente concluí que meu pensamento se adaptava melhor dentro da tradição do liberalismo protestante. Mas o encontro, tanto pessoal como intelectual, com o Terceiro Mundo deu àquele liberalismo um alcance que não previra antes.

Posso dizer com certeza que a miséria humana da pobreza do Terceiro Mundo e sua opressão chocou-me tão profundamente como pode chocar a alguém proveniente do confortável Ocidente, e fiquei e continuo a estar convicto da urgência de procurar alívio para esta miséria. Mas meus esforços para entender as causas desta miséria e para imaginar estratégias plausíveis para superá-la imprimiram em mim a completa estupidez das supostas soluções defendidas pela esquerda política. É claro que esta compreensão não foi em si teologicamente produtiva, mas impediu que eu tomasse o caminho comum da moda de fazer teologia batizando os *slogans* vazios desta ou daquela versão do marxismo com terminologia cristã.

* * *

A década balizada por este ensaio coincide com visitas a Roma no começo e no fim. Em 1969 eu organizei e dirigi uma conferência em nome do Secretariado do Vaticano para os Não Crentes. Foi um acontecimento fascinante, especialmente pelos contatos que ocasionou entre membros do estabelecimento eclesiástico romano e uma espécie de sortimento de acadêmicos que trabalharam no problema da secularização. (As atas da conferência foram depois publicadas num livro intitulado *The culture of unbelief*, A cultura da descrença.)

Um incidente da conferência que ficou marcado em minha memória ocorreu num jantar. Um líder político democrata cristão, muito perplexo, perguntou a um monsenhor do Secretariado sobre o que tratava a conferência. "La secolarizzazione", respondeu o monsenhor. "Secolarizzazione", repetiu o político, que acrescentou: "O que é isso?" O monsenhor aceitou corajosamente o desafio e deu um bom resumo em dez minutos. O idoso rabugento senhor da *Democrazia Cristiana* ouviu cuidadosamente e então levantou a mão e disse com voz firme: "Nós não permitiremos isso!" Nessa ocasião a impressão que me ficou foi de ser engraçado. Algumas semanas depois eu fui ao México, a convite de Ivan Illich, uma viagem que foi decisiva em concentrar minha atenção no Terceiro Mundo. Lembro-me que contei a história a Illich. Ele riu, mas não achou que ela era tão engraçada como eu achei. Illich geralmente está certo (geralmente, não sempre). Nesse caso, eu achei que a ideia de proibir a secularização ser fantástica foi mais sábia da parte dele do que da minha.

Em 1979 eu estava em Roma exatamente quando começou a Revolução Iraniana. Olhava na televisão estes acontecimentos no Irã com bastante nervosismo, pois eu iria para a Índia de avião via Teerã. Havia vastas massas de seguidores do Khomeini com seus cartazes e bandeiras, aparentemente estendendo-se até o horizonte. Cantavam seguidamente "Allahu l'akbar!" – Deus é grande. Lembrei-me daquela observação acerca da secularização de uma década atrás e de modo algum achei-a engraçada. Realmente, o que o Khomeini tinha em mente era uma dramática proibição da secularização e, qualquer que fosse o resultado final da Revolução Iraniana, deve-se concordar que ele teve sucesso em sua empreitada. No mundo islâmico, do Oceano Atlântico até o Mar da China, é certamente a religião que oferece um desafio militante a toda forma de secularidade (inclusive a marxista), e não vice-versa.

De qualquer modo a confusão no Irã forçou-me a mudar meus planos de viagem e voar diretamente para a Índia. Esta foi minha primeira viagem à Índia e foi a que mergulhou-me mais completamente do que qualquer outra antes numa cultura religiosa não ocidental. Enquanto que o hinduísmo, por muitos motivos, não mostra o mesmo dinamismo que o islã contemporâneo, certamente não está se comportando como a ideia de secularização que eu sustentava que aconteceria na década de 1960.

Meu encontro com o Terceiro Mundo não é a única razão por que tive de modificar minha visão anterior da secularização. Houve uma evidência impressionante de ressurgimento religioso na América do Norte. Ocorrera também o significativo reavivamento religioso em pelo menos alguns setores da sociedade soviética, tanto mais significativa por causa de meio século de repressão sistemática e sofisticada. Isso não significa, como alguns sugeriram, que a Teoria da Secularização fora simplesmente um erro. Mas acho que agora podemos dizer que tanto o grau como a inexorabilidade da secularização foram exagerados, mesmo na Europa e na América do Norte, muito mais em outras partes do mundo. Em si isto não passa de uma revisão de uma tese sociológica sob a pressão da evidência empírica. Como tal, é teologicamente neutra. Contudo, sugere inevitavelmente que o problema da secularidade não é absolutamente tão interessante para o pensamento cristão como costumavam pensar muitos de nós. Afinal de contas, uma coisa é entrar numa controvérsia intelectual com um fenômeno considerado como a moda do futuro, e outra bem diferente fazer o mesmo com uma das muitas correntes culturais atualmente em ação no mundo contemporâneo.

Sociologicamente falando, o fenômeno da secularização é parte integrante de um processo muito mais amplo – o da modernização. No contexto da teologia cristã, evidentemente, o diálogo com a secularidade (ou a mentalidade resultante da secularização) tem sido quase a mesma coisa que o diálogo com a Modernidade, ou com a bem conhecida figura do "homem moderno" que Rudolf Bultmann e outros imaginavam ser incapaz de crer na mundividência do Novo Testamento. Falando de novo sociologicamente, há boas razões para pensar que a Modernidade, e com ela a secularidade moderna, estão em crise hoje. No Terceiro Mundo ficou claro para mim que a modernização não é um processo unilinear ou inexorável. Ao contrário, desde o começo é um processo de permanente interação com forças opostas equivalentes que podem ser classificadas sob o título de contramodernização. Acho que é útil olhar para a secularização do mesmo modo – como estando em crescente interação com forças contrassecularizadoras. Sem explorar todos os detalhes dessa interação, basta dizer que a contramodernização e a contrassecularização podem ser observadas não só no Terceiro Mundo, mas também nas chamadas sociedades industriais avançadas, tanto em sua variante capitalista como socialista.

Tudo isto sugere fortemente uma mudança na atenção teológica, distinta do tão badalado comprometimento com a consciência moderna e seus produtos teóricos. Deve-se acentuar que isto não quer dizer que alguns desses produtos não continuam a apresentar desafios teológicos. Suspeito que isto é particularmente verdadeiro para os progressos das ciências físicas, estes produtos principais da Modernidade. Parece também que, deixando de lado as teorias e mundividências, a situação moderna continua a colocar problemas éticos de grande gravidade – mas isto não é a mesma coisa do que aquilo que seria o diálogo com o "homem moderno". Também gostaria de deixar claro que dizer consciência moderna não é tão interessante teologicamente como muitos pensaram (ou não tão interessante como já foi, p. ex., no século XIX, quando a teologia cristã teve de se defrontar com o desafio do pensamento histórico moderno). Não estou absolutamente sugerindo algum tipo de posição antimoderna. Há muito disso hoje em dia (p. ex., na posição mais radical do movimento ecológico), e algumas posições são muito atraentes, mas não resistirão a um exame rigoroso. Isto não é tão grande que não possamos voltar (não há nenhuma lei que diga que o relógio não possa ser atrasado – pode ser, é), mas o custo humano da desmodernização seria horrendamente grande.

No começo da década de 1960, quando eu trabalhava com Thomas Luckmann em novas maneiras de formular a sociologia do conhecimento, ficou claro para nós que a secularização e o pluralismo eram fenômenos intimamente aparentados. Aqui a visão básica é que a certeza subjetiva – tanto em religião como em outros assuntos – depende de apoio social coerente para qualquer coisa sobre a qual o indivíduo quer ter certeza. Ao invés, a ausência ou fraqueza de apoio social mina a certeza subjetiva – e é exatamente o que acontece quando o indivíduo é confrontado com uma pluralidade de mundividências, normas ou definições da realidade que competem entre si. Continuo a pensar que esta percepção é válida. No entanto, cada vez mais eu acho que o pluralismo é um fenômeno mais importante do que a secularização. Dito de outro modo, a situação moderna apresentaria um formidável desafio à religião mesmo se fosse, ou se tornasse, muito menos secularizada do que é agora.

Competição significa que se tem de escolher. Isto é verdadeiro num mercado de bens materiais – esta marca contra aquela, esta opção consumidora contra aquela. Gostemos ou não, a própria compulsão para escolher é o resultado de um mercado de visões do mundo – esta fé, ou este "estilo de vida", contra uma outra. A esta consequência crucial do pluralismo chamei de "o imperativo herético", e no meu livro com esse título procurei analisar diferentes respostas teológicas a esta situação desconfortável. De novo, não vejo que meu pensamento tenha mudado dramaticamente neste assunto. Mas pelo menos dois acentos mudaram. Primeiro é muito mais claro para mim agora por que o método teológico (não necessariamente qualquer conteúdo seu) do liberalismo protestante clássico, com seu acento sobre a experiência e a escolha racional, é o mais viável hoje. Segundo, por causa do meu encontro anteriormente mencionado com o Terceiro Mundo, tenho agora uma ideia muito mais ampla do alcance das escolhas importantes em religião.

Como resultado desta perspectiva sobre a situação religiosa e suas possibilidades teológicas, por um momento eu me encontrei numa posição com duas frentes. Confrontando-me com a direita teológica, convenci-me de que qualquer tentativa de reconstruir antigas certezas, como se "o imperativo herético" pudesse ser ignorado, é fútil. Esta convicção torna impossível para mim buscar qualquer alinhamento com alguma forma de ortodoxia ou neo-ortodoxia. Por outro lado, não mais vejo promessa nas estratégias da esquerda ao tentar tornar o cristianismo plausível secularizando seu conteúdo, não importando se esta "secularização a partir de dentro" (um dos termos úteis de Luckmann) é feita por meio da filosofia, da psicologia ou da ideologia política. Todas estas estratégias acabam liquidando-se ao tirarem do empreendimento religioso toda a plausibilidade que ainda tenha dentro da consciência dos indivíduos. Aliás, isto não significa que eu não tenha empatia com a posição da direita ou a secularizadora da esquerda. A primeira era a posição de minha juventude, na forma de uma espécie de luteranismo musculoso e, no mínimo, a saudade da Idade Média garante uma empatia duradoura. Quanto à última posição, não se trata exatamente de "alguns dos meus melhores amigos" e coisas assim, mas de um reconhecimento empático de que qualquer um que vive e trabalha num ambiente secular moderno enfrenta cada dia as mesmas tensões cognitivas que impele as pessoas para esta posição.

Com respeito a isto, poderia ser dita uma palavra a respeito de um acontecimento ao qual estive ligado, o chamado Hartford Appeal de 1975. Esta foi uma declaração que forçosamente repudiava várias tendências secularizantes no pensamento teológico contemporâneo. Ele foi amplamente entendido como um manifesto neo-ortodoxo. Qualquer que tenha sido a compreensão dos outros que estavam ligados ao evento, esta não foi a maneira como eu entendi. Para mim, Hartford delineou o que me separava dos que estavam à esquerda da posição liberal que eu patrocinei. Acredito que tal delineamento continua sendo necessário, embora, retrospectivamente, é discutível se o estilo do Hartford Appeal era o mais adequado. Para mim, contudo, o delineamento com respeito à direita teológica é igualmente importante, e espero que *O imperativo herético* tenha realizado esse propósito.

A pior coisa a respeito de estar no meio não é ser alvejado dos dois lados. Neste caso isso não é tão mau, pois há uma porção de gente na mesma situação. Mais perturbadora é a ideia de que uma via média, especialmente em religião, está sempre cercada de tibieza. E esta foi realmente uma das qualidades recorrentes do liberalismo protestante. Bastante verdadeira, mas não acho que esta é uma qualidade necessária. Qualquer posição matizada, refletida, corre o risco de parecer tíbia em comparação com as posturas autoconfiantes dos que reclamam certeza. É importante entender o caráter enganoso das posturas autoconfiantes, o ponto em que a maturidade adquire sua própria certeza, mais sossegada talvez que a dos barthianos, por exemplo, ou dos revolucionários cristãos, mas também mais duradouras.

Por falar em barthianos, há uma pergunta ligada a eles desde o começo, uma pergunta que motivou o próprio Karl Barth no início de sua reflexão teológica: "Como pregar isso?" A pergunta não é crucial só para os que por vocação são encarregados de pregar, ela é crucial também para aqueles (incluído eu) que estão comprometidos com a reafirmação pública da tradição cristã. Faz agora muitos anos desde que, após um ano muito feliz no Seminário Teológico Luterano na Filadélfia, eu afastei o ministério como minha meta vocacional. Todas as decisões biográficas são obscuras, mas esta foi essencialmente simples: percebi que não podia ser um ministro luterano se não desse assentimento completo à definição da fé assim como está estabelecida nas confissões de fé luterana, e evitei a função porque tinha dúvida se eu podia dar um assentimento irrestrito. Em outras palavras, eu sentia que não podia pregar "isso". Não lamento esta decisão passada, mas ela é importante para as observações de que hoje eu chegaria a uma conclusão diferente. Se "isso" agora é entendido como a posição liberal a que me referi acima, então estou profundamente convicto de que realmente pode ser pregado; e, dadas as condições para fazê-lo, estou convencido de que eu o faria.

O motivo para esta conclusão também é essencialmente simples: eu creio que no centro da tradição cristã está a verdade, e esta verdade confirmar-se-á em toda controvérsia imaginável, seja com as multiformes manifestações da secularidade moderna, seja com as poderosas tradições religiosas da Ásia aguardando comprometimento teológico. Com certeza, ninguém que mergulhou honestamente numa tal controvérsia emerge da maneira como entrou; se acontecer isto, provavelmente a controvérsia não foi bem honesta. No ato de reflexão, todo indivíduo honesto deve estar totalmente aberto, e isto significa também que está aberto à discussão. O ato de pregar é diferente. Aqui o indivíduo não se coloca diante da tradição na atitude de reflexão, mas entra deliberadamente dentro da tradição e reafirma a verdade que descobriu ao fazer isto, sem por isso esquecer ou falsear os frutos da reflexão.

Não existe maneira de predizer os movimentos do espírito. Pensei muitas vezes que uma pessoa equipada com todas as ferramentas da moderna ciência social dificilmente teria pregado a Reforma, digamos, no começo do século XVI. Não farei nenhuma predição aqui, farei uma declaração cautelosa: é possível que das controvérsias de nossos tempos surjam vozes com grande e renovado poder de pregação. Agora existe uma espécie de calmaria, e tem sido assim por bastante tempo. É possível que a calmaria seja seguida de uma trovoada. Não o sabemos. Não se espera que saibamos. Mas a possibilidade merece uma esperança cautelosa, e talvez até uma aposta de fé.

8 Juízo moral e ação política*

O tema que escolhi para esta conferência é antigo. Ele foi meditado durante séculos por sábios e menos sábios em todas as grandes civilizações. É, em última análise, a relação entre poder e virtude, *kratos* e *areté*. Não é exatamente um tópico estreito, circunscrito. Vocês têm todo direito de serem céticos sobre o fato de eu ter algo de original com que contribuir, e podem também antecipar que, tendo tomado coragem para abordar este tópico, eu merecidamente farei o papel de ridículo em tentá-lo. É possível que seja assim. Quero dizer logo no começo que não é minha intenção anunciar a descoberta de algum novo ponto de ética política que foi lamentavelmente omitido por Platão, Aristóteles, Santo Agostinho ou Confúcio. Seja qual for o vício que eu tenha adquirido, qualquer tendência para a megalomania foi severamente tolhida no meu caso por um senso aparentemente inerradicável do ridículo. Minha intenção aqui é mais modesta. Devo referir-me a algumas intuições às quais acho que cheguei no decorrer dos anos ao tentar relacionar minha própria disciplina intelectual, a Sociologia, com os desafios políticos que enfrentamos no mundo moderno como cidadãos de uma democracia. Colocado de modo diferente, meu intento

---

* Conferência proferida na Universidade de Boston em outubro de 1987 e publicada em *This World*, primavera de 1988.

aqui é mostrar como uma perspectiva social científica pode ser útil para todo aquele que procura agir politicamente de um modo moralmente responsável.

A frase "no mundo moderno" deve ser destacada. Embora poder e virtude tenham estado em tensão desde que os seres humanos começaram a refletir sobre a sua condição, existem alguns aspectos novos nesta tensão no período moderno. Existe o fato institucional do Estado moderno, um *novum* na história por causa da concentração sem precedentes de poder que ele representa. Existe também um fato no âmbito da consciência humana, isto é, a relativização de crenças e valores, o qual, como procurei demonstrar na maioria das minhas obras sobre sociologia do conhecimento, é inerente à situação moderna. Estes dois fatos, tomados juntos, resultaram numa reformulação muito peculiar da antiga tensão. Por um lado, há o surgimento da *raison d'état*, essa tradição ocidental muito característica, embora não única, do pensamento político, classicamente descrito na grande obra de Friedrich Meneke *Die Idee der Staatsräson* (infelizmente e muito enganosamente intitulado *Machiavellism* na tradução inglesa). Paradoxalmente, o período moderno provocou também o surgimento de uma variedade de utopias e soteriologias políticas que apaixonadamente repudiam não só a validade, mas até o fato da *raison d'état*. Estamos, pois, cercados por uma estranha interação de ideias contraditórias, corporificadas em tipos humanos psicologicamente contrários – racionalidade friamente pragmática contraposta a crenças quase religiosas, em casos extremos personificada respectivamente em tecnocratas sem coração presos em batalhas políticas com ideólogos sem inteligência. Uma escolha moralmente não atrativa. Eu diria que, se uma perspectiva social científica não faz mais que sugerir uma opção agradável, ela ter-se-á justificado como uma empresa intelectual.

Em 1918 Max Weber deu a famosa aula "política como vocação" na Universidade de Munique. O momento era dramático – um ano após a catastrófica derrota alemã na Primeira Guerra Mundial, na cidade que era o epicentro do redemoinho revolucionário tanto da esquerda como da direita, com um público estudantil composto em grande parte de veteranos da guerra que levavam as cicatrizes físicas e psíquicas. Nessa preleção, naturalmente, entre outras coisas Weber fez a distinção entre dois tipos de ética que ele chamou *Gesinnungsethik* e *Varanwortungstethik*, grosseiramente traduzido por "ética de atitude" e "ética de responsabilidade". A maior parte da preleção consiste na eloquente defesa que Weber faz da última delas. É uma característica do modo de ser de Weber que, apesar de todas as diferenças entre aquele momento na história e o nosso, seu argumento é misteriosa e até urgentemente relevante a todo aquele que hoje quer agir politicamente de uma maneira moralmente defensável.

Gesinnungsethik é a opinião que o que interessa moralmente é a atitude do ator; se a atitude é moralmente pura, então as ações que dela se seguem são moralmente válidas. *Gesinnungsethik* também foi traduzida mais livremente como uma "ética de fins absolutos": se os fins da ação são moralmente comuns, então o ator pode viver sem avaliar os meios e as consequências. A forma extrema desta posição ética está bem expressa no adágio romano *fiat justitia pereat mundus* (faça-se justiça mesmo que o mundo pereça). É digno de nota que, ao mesmo tempo em que rejeitava firmemente essa posição moral, Weber tinha muito respeito por ela. Para ele, tal ética era típica do pacifismo de Tolstoi, um homem que ele admirava muito (uma admiração, devo dizer, de que não partilho). Seja como for, eu também não rejeitaria totalmente esta posição moral em certos casos. Por exemplo, eu sou inalteravelmente, apaixonadamente (dogmaticamente, se quiser) contrário à pena capital. O motivo para isso é minha convicção de que a pena capital é um ato de tal crueldade monstruosa que não deveria estar no arsenal das sanções legais de uma sociedade civilizada. Acredito realmente que sua simples existência, sua presença no código legal e seu uso pelas autoridades, constitui *ipso facto* uma grave acusação moral da sociedade que a permite (como, infelizmente, é o caso dos Estados Unidos hoje). Ora, sustentando esta convicção moral e a atitude (*Gesinnung*) que a acompanha, não estou realmente interessado (pelo menos não moralmente interessado) no debate se a pena capital dissuade ou não certos crimes, tal como o assassínio. Na medida em que posso julgar, os que argumentam que ela não dissuade o crime têm melhores evidências. Mas se o peso da evidência passasse para o outro lado, eu não seria abalado em minha posição. Estou bem consciente do fato de que sustento esta posição junto com uma minoria de americanos (e, eventualmente, é uma posição que me separa da maioria de meus amigos conservadores). Pelo que sei, muitos de vocês defendem a pena de morte por motivos que fazem sentido para vocês. Vou dar outro exemplo, o qual, possivelmente, quase todos nós na América concordaríamos hoje: mesmo que os criminologistas demonstrassem que torturar suspeitos reduz a taxa de assassinato, nem por isso seríamos favoráveis à reintrodução deste procedimento na polícia.

Mesmo aqui, onde a convicção moral é absoluta e *ipso facto* metapolítica, *eu* devo pesar os meios e as prováveis consequências se quero atuar politicamente a fim de abolir a pena capital. Eu, por exemplo, não defenderia que se batesse em juízes que impõem pena de morte, ou tomaria esta questão como o único critério para um cargo público, nem trabalharia pela destruição do sistema legal americano inteiro porque ele tolera esta barbaridade. E meus motivos para não recomendar ou partir para tais ações certamente estão baseados numa avaliação das consequências e da possibilidade de sucesso. Com tal avaliação já entro no domínio de uma "ética da responsabilidade". Em outras palavras, se eu quiser obter resultados empíricos com minhas ações, devo levar em conta outras considerações além das prescritas por meus absolutos morais. Entro, se você preferir, no domínio da lógica política, que permite poucos absolutos ou nenhum.

Weber estava certo em sua proposição central: Seja qual for a fonte ou *status* último de nossas crenças morais, quando procuramos ser politicamente efetivos, podemos apenas agir com uma "ética de responsabilidade". O que devemos fazer é calcular a conveniência de meios disponíveis a fins desejados, ver as probabilidades de sucesso, procurar prever as consequências tencionadas e não tencionadas. Não é preciso dizer que agora passamos de um mundo de certezas morais para um mundo de incerteza, relatividade e compromisso. Este último mundo é naturalmente o mundo do empírico – uma realidade desordenada, confusa, amiúde mortífera da história humana. Neste mundo não há nenhuma garantia. É precisamente neste ponto que entram as ciências sociais; afinal de contas elas estão interessadas em iluminar a realidade empírica das ações humanas. Tudo o que proponho a seguir é sugerir quatro contribuições intelectuais que as ciências sociais dão para a ação moralmente responsável no cenário político.

A primeira contribuição é *a disciplina da imparcialidade*. Nos anos recentes houve discussões infindáveis nas ciências sociais acerca do que Weber chamou "isenção de valor" – isto é, acerca da questão se as ciências sociais podem ou deveriam ser moralmente neutras. A maior parte dessa discussão tem sido uma repetição não original e até maçante dos argumentos que era mais interessante no tempo de Weber. Não entrarei em detalhes a este respeito. Correndo o risco da simplificação, direi que a disputa foi entre dois grupos: de um lado os positivistas, que sustentavam que os fatos nas ciências humanas são semelhantes aos fatos nas ciências naturais, e, do outro lado, os teóricos (o interessante é que tanto os da esquerda como os da direita, tais como os marxistas e os straussistas) que insistem que os fatos humanos estão sujeitos à interpretação e, portanto, inacessíveis a uma análise moralmente neutra. Acho que os dois grupos estão parcialmente certos, mas finalmente errados (penso também que Weber ainda é o melhor guia neste campo minado metodológico). A sociedade humana é constituída de significados e por isso, de fato, não há "fatos puros" acima e além da interpretação. Os positivistas estão errados quando pensam que se pode fazer sociologia do modo como se faz zoologia: os seres humanos estudados pelo sociólogo dão sentido a suas existências, os incertos estudados pelo zoólogo (enquanto eu saiba) não o dão, e esta diferença tem implicações metodológicas de longo alcance para as duas ciências. Mas quando o sociólogo procura entender os seres humanos, é os significados *deles* que ele deve procurar entender, e ele não consegue isto quando impõe seu próprio modo de entender. É isto, nem mais nem menos, que Weber queria com seu conceito de "isenção de valor". Tanto os marxistas como os discípulos de Leo Strauss estão errados ao pensar que isto não pode ser alcançado.

Ideólogos de todas as colorações políticas procuraram recrutar as ciências humanas como "armas" na guerra das ideias. O falecido Dr. Goebbels deixou isso muito claro: "Verdade é aquilo que serve ao povo alemão". Tal uso de qualquer ciência destrói seu caráter essencial como busca desinteressada da verdade. O cientista social não tem nenhuma qualificação como moralista; se tem alguma qualificação, ela está em sua capacidade treinada para chegar à evidência empírica. Parte integrante deste treinamento é a disciplina da imparcialidade, isto é, a habilidade de olhar claramente para uma situação, juntar os sentimentos próprios e convicções de alguém no esforço de entender o que sentem e acreditam os outros, ouvir em vez de pregar. Mais importante é sua capacidade de olhar para a *realidade* mesmo que o que esteja à vista seja muito diferente do que se desejaria que fosse. Esta disciplina de imparcialidade, naturalmente, é um ato limitado, artificial. Não deveria, e de fato não pode, ser transferida para o resto da vida do cientista social. Contudo, mesmo limitada a atos específicos de entendimento, ela constitui uma façanha moral não desprezível: a capacidade de controlar a paixão sem de modo algum abandoná-la, cultivar o olhar tranquilo, ter respeito pelo real. Nisto, eu diria, o cientista social moderno está numa grande tradição filosófica que os gregos chamavam de "vida teorética" (*bios theoretikos*). Eu sempre estranho que existam pessoas que acham maior atrativo moral no papel do propagandista.

Vou citar um exemplo da recente sociologia americana. Faz alguns anos Cristina Luker publicou um livro intitulado *Aborto e a política da maternidade*. Luker entrevistou dois grupos de mulheres na Califórnia, ativistas favoráveis à decisão da mãe e ativistas que defendiam a vida. Seus achados lançaram uma luz interessante sobre as características sociais destes dois grupos. Luker também procurou retratar as duas mundividências em questão, acho que o fez de modo brilhante. Foi por isso que resenhei o livro dela, embora este tema em particular nunca foi um a que me dediquei como sociólogo. Eu pensava que este livro, totalmente à parte de seu significado intrínseco e de seus achados empíricos, era uma excelente ilustração da sociologia do conhecimento aplicada a um fenômeno social concreto. O que impressionou-me de modo particular, e disse isto na minha resenha, foi que se podia ler o livro de cabo a rabo sem descobrir qual era a posição de Luker nesta questão. Em outras palavras, ela mostrou de maneira notável sua disciplina de imparcialidade. Existe uma sequela irônica e, para mim, deprimente. Mais tarde disseram-me que Luker é uma feminista praticamente com uma visão clara a favor da decisão. Isto não me surpreendeu nem me deprimiu: é sociologicamente improvável que um sociólogo mantenha uma posição pró-vida, e minha posição neste assunto é equidistante dos dois grupos de ativistas estudados por Luker. Mais tarde fui informado também (por ouvir dizer) que Luker lamentou-se por não ter defendido um comprometimento maior em favor da decisão em seu livro. Em outras palavras, se este relato é correto, ela confessou como vício a imparcialidade que eu considerei a maior virtude em seu livro. Sejam quais forem os fatos neste caso particular, há bastante confusão acerca de moralidade e metodologia, na atual sociologia, e a confusão mina a própria contribuição que os sociólogos estão em condições de dar para o debate público.

A segunda contribuição é *o esclarecimento dos pressupostos normativos e cognitivos*. Na vida diária nós constantemente empregamos as duas espécies de pressuposições: as normas nos dizem como o mundo deveria ser e como deveríamos agir; supõe-se que estas normas se mantêm num mundo que é real, e temos um grande número de suposições ou pressuposições cognitivas a respeito do que é a realidade. É importante compreender que as normas têm pouco ou nenhum sentido sem as pressuposições cognitivas que as acompanham. Por exemplo, os antropólogos nos falam que uma das normas humanas mais antigas é o tabu do incesto. Esta norma me diz que não devo ter relações sexuais com um parente próximo. Muito bem. Mas quem são meus "parentes próximos"? Assim, numa cultura particular, a norma geral se traduz numa proibição muito específica: "Você não pode se casar com seu quinto primo!" Quantos de nós nesta sala têm a vaga ideia do que é um quinto primo, sem falar que indivíduos entram nesta categoria solenemente proibida de pessoas. Em outras palavras, nós simplesmente (e talvez para nossa grande perda) não tenhamos as pressuposições cognitivas que deem sentido prático a esta norma. Um bom antropólogo pode, certamente, dizer-nos por quê. Quer dizer, a Antropologia, como uma ciência humana interpretativa, pode fazer um "mapa cognitivo" da moderna cultura americana, notar devidamente a ausência destas categorias de parentesco nela, e assim explicar por que a declaração de anátemas morais contra os que se casam com quintos primos deixam os americanos contemporâneos confusos e definitivamente não dominados por remorsos de culpa. *Mutatis mutandis*, esta dependência que as normas têm de um conjunto de suposições cognitivas é geral. Você pode substituir, por assim dizer, o incesto do tabu por um imperativo moral de sua escolha.

Existem casos, porém, em que as normas se chocam diretamente. Neste caso, as ciências sociais podem esclarecer o choque, mas não podem fazer nada para resolvê-lo. Por exemplo, durante meu serviço militar na década de 1950 eu servi no extremo sul. Esta foi minha primeira experiência pessoal com o sistema de segregação racial, e ele me chocou profundamente. Sendo um sociólogo recém-formado, eu tinha lido muito a respeito deste assunto. Lembro-me de uma conversa com um sulista branco muito inteligente e bem-informado, um companheiro de serviço militar, a quem eu comuniquei todo o meu conhecimento recentemente adquirido sobre relações raciais – que a noção de raça como a estabelecida no sul era um mito, como um mito servia para legitimar um sistema de opressão e exploração etc. Para minha surpresa, meu interlocutor concordou com tudo e disse: sim, a raça é um mito; sim, o mito justifica o poder e o privilégio dos brancos etc. Então, perguntei-lhe, você não está moralmente perturbado com esta situação? Ele deu de ombros e me disse: "Estou muito bem neste sistema, e não vejo nenhum motivo para me sentir ou fazer qualquer coisa contra meus próprios interesses". Este não foi o fim da conversa, mas percebi claramente que nenhuma evidência empírica adicional ajudaria a dissuadi-lo de uma posição que eu considerava moralmente repulsiva; a conversa teve de ir para um rumo diferente, o do discurso ético e filosófico. (Mais tarde esta pessoa passou por uma espécie de conversão moral, mas certamente não foi ocasionada por novas percepções sociológicas; como sempre, foi um movimento dentro do que Pascal chamou *la raison du coeur*, a razão do coração, que está muito distante da racionalidade da indução científica.)

No entanto são ao menos tão comuns os casos em que ocorrem desentendimentos claros entre pessoas que não têm diferenças normativas do ponto de vista abstrato, mas cujas pressuposições cognitivas divergentes as levam a conclusões morais e políticas diametralmente opostas à medida que estas normas são aplicadas concretamente. Vou tomar um exemplo da área em que fiz a maior parte de meu trabalho de sociólogo durante os últimos vinte anos, a área de desenvolvimento do Terceiro Mundo [sic]. Durante anos tive muitas discussões com os proponentes da Teologia da Libertação, na América Latina e alhures. Uma das frases mais conhecidas procedentes deste movimento é "a opção preferencial pelo pobre". Há algumas diferenças matizadas no modo como esta frase tem sido usada por diferentes autores, mas a proposição moral subjacente é muito clara: a condição do pobre devia ser a medida com que julgar tanto a sociedade como qualquer projeto para mudá-la. Dentro do contexto, certamente, essa proposição é também apoiada por referência ao Novo Testamento e por uma longa tradição da ética cristã. Ora, eu não tenho problema algum com esta frase. Para mim ela é perfeitamente plausível tanto ética como teologicamente. Minhas dificuldades profundas com a maioria dos teólogos da libertação não estão na esfera normativa; ao contrário, tenho grandes dificuldades com seus pressupostos cognitivos. Estes, certamente, em sua maioria são tirados em conjunto da teoria neomarxista do desenvolvimento do Terceiro Mundo. A maioria dos teólogos da libertação acredita que o subdesenvolvimento do Terceiro Mundo é causado pelo capitalismo; que o Terceiro Mundo é pobre porque o Primeiro Mundo é rico – isto é, nossa riqueza depende da pobreza deles; e, mais importante em termos de envolvimento político, que o socialismo é a saída para a pobreza do Terceiro Mundo. É opinião minha, não baseada em teorização ética, mas em leitura da evidência, que cada crença dessas é empiricamente falsa. E, porque esta é minha compreensão das realidades empíricas, creio que as estratégias socialistas recomendadas pela maioria desses autores é politicamente desastrosa e moralmente irresponsável – exatamente porque elas com toda probabilidade levarão a uma maior pobreza, maior opressão, mais exploração.

Acabei de completar uma tarefa de dois anos como presidente de um grupo internacional de estudo sobre o futuro da África do Sul [sic]. O programa deste estudo era fazer o "mapa cognitivo" tão exato quanto possível de todos os principais atores no drama da África do Sul e analisar a "lógica estratégica" empregada por esses atores à medida que tentam mudar o país da atual situação para um futuro desejado. Só podíamos fazer este trabalho com um acordo de que não faríamos nenhuma recomendação a ninguém. Não poderíamos ter decidido de outra maneira, pois nosso grupo compunha-se de indivíduos, brancos e negros, que iam (em termos de África do Sul) da direita moderada à extrema-esquerda; jamais teríamos concordado com qualquer conjunto de recomendações políticas. O mais importante é que não haveria nenhuma razão para alguém estar particularmente interessado em nossos princípios morais ou programas políticos – ambos eram totalmente não originais. Nossa contribuição, se era para haver alguma, só poderia vir através de um exercício de uma descrição e uma análise muito fria, imparcial. Isto foi confirmado pela reiterada experiência de falar a respeito de nossos achados com políticos mais variados. Invariavelmente, nossos interlocutores estavam mais interessados no que tínhamos a dizer acerca do "mapa cognitivo" e da "lógica estratégica" de seus adversários.

Nós trabalhávamos atribuindo atores diferentes a diferentes membros do grupo. De modo que o estudo do grupo afrikaner de direita foi feito por Helen Zille, uma branca de língua afrikaans que é politicamente esquerdista e tem uma longa história de atividade antiapartheid. Ela produziu um dos melhores documentos do projeto, uma descrição cristalina do que este grupo de atores acredita sobre o mundo tanto normativamente quanto cognitivamente, e das estratégias pelas quais eles procuram atingir seus fins. De modo algum foi fácil para ela fazer isto. Ela estava estudando uma realidade que ela detesta. Mas, embora ela declarasse amiúde sua rejeição da ideia de análise "isenta de valor", contudo ela produziu de modo brilhante, e um tanto irônico, um dos melhores exemplos deste tipo de análise dentro do projeto. Mais ainda, somente por causa disto sua parte do relatório final será útil para aqueles com quem se identifica politicamente, os que estão na esquerda resistindo ao apartheid.

A imagem de um elaborador de mapa é heuristicamente útil. O cientista social, *au found*, é um fazedor de mapas. Se você quiser viajar do ponto X para o ponto Y, um mapa lhe será útil. Ele pode dar muitas informações sobre o território que você vai atravessar. Mas não pode lhe dizer nada sobre o propósito de sua viagem, ou quando você deve empreender a viagem. E o mapa será igualmente útil para você somente se for igualmente útil a quem quer que empreenda a viagem por motivos muito diferentes, possivelmente contrários. O elaborador de mapa não tem qualificações para aconselhar-lhe a respeito do estado moral de sua tencionada viagem. O mapa, por necessidade, é moralmente neutro. Certamente, porém, isto de modo algum significa que o elaborador de mapa, como ser humano, não tem responsabilidades morais. Ele pode decidir que a finalidade de sua viagem é tão detestável, moralmente, que tentará tirar o mapa de você. Está fora do alcance desta aula discutir a possibilidade moral que, em certos casos, o elaborador de mapas pode decidir desenhar um mapa deliberadamente inexato a fim de desorientar o pretensamente detestável viajante. Que fique totalmente claro, no entanto, que o que quer que o elaborador de mapa esteja fazendo quando conscientemente distorce a realidade por motivos morais *não* é ciência social!

A terceira contribuição é *a situação social dos atores e seus interesses*. Muitos dos produtos das ciências humanas durante os últimos dois séculos provavelmente podem ser colocados sob a categoria de Nietzsche da "arte da desconfiança". Os historiadores perguntaram quem realmente escreveu este ou aquele texto, os psicólogos tentaram desmascarar os motivos reais das pessoas etc. A contribuição da Sociologia (especialmente da subdisciplina conhecida como Sociologia do Conhecimento) foi situar os atores e suas ideias dentro da sociedade, e no mesmo processo descobrir seus interesses pessoais. Colocado de modo diferente, o sociólogo é o tipo que, quando confrontado com qualquer declaração de crença ou valor, invariavelmente fará a pergunta prototipicamente desconfiada: "Quem diz isso?" Esta pergunta, por desagradável que possa ser, é de grande importância para esclarecer qualquer situação na sociedade e especialmente qualquer situação dentro da qual alguém tenciona agir politicamente. Suponhamos que exista um movimento que defende a ideia de que o consumo de bananas causa lepra. Sua propaganda certamente conterá uma pretensa evidência científica sobre os efeitos leprosos da banana. Não será de surpreender que esta evidência é vigorosamente discutida pela associação dos produtores de banana. Se você for sociólogo, ficará levemente surpreso ao descobrir que o movimento antibanana é patrocinado pela associação dos produtores de manga (pois um economista amigo forneceu a informação de que bananas e mangas estão numa dura competição no mercado de frutas). Em outras palavras, o sociólogo procurará sempre os interesses pessoais, e na maioria do tempo a busca é bem-sucedida. É importante entender que esta revelação dos interesses pessoais em jogo não resolve a questão médica se as bananas causam lepra ou não. Mas é um ponto de partida útil saber a respeito dos dois grupos de interesses pessoais a fim de entender o debate, e especialmente se houver algum envolvimento político na questão (p. ex., a pessoa é um legislador examinando uma lei que proíbe a propaganda comercial de banana).

Tive um interesse permanente durante anos no movimento antifumo (meu interesse original brotou da irritação de um fumante com uma retórica e uma tática que se parecia com os excessos da caça às bruxas de Salém). Agora o movimento antifumo investe contra o que chama "interesses do fumo", a saber, os interesses do tabaco e seus aliados no governo. É claro que o movimento dispõe de evidência supostamente científica para propor sua causa, e naturalmente a indústria do fumo esteve questionando esta evidência. Existem de fato "interesses do fumo". Fale com qualquer legislador, digamos, de Carolina do Norte. O que não devia ter me surpreendido, mas me surpreendeu, foi a descoberta de que existem também interesses antifumo – um consórcio internacional de ativistas e burocratas da saúde, que tem um enorme interesse (em termos de dinheiro, poder e *status*) no sucesso do movimento. E a abordagem e uso da evidência por esse consórcio é tão *interessado* (i. é, parcial e, se necessário, seletivo como qualquer coisa manifestada pelo outro lado no debate). Não é preciso dizer que esta descoberta sociológica de modo algum responde à pergunta se fumar causa ou não causa as doenças agora listadas nas carteiras de cigarro. (Se você se espantar, dar-lhe-ei minha opinião de caso pensado que é de fato melhor para sua saúde não fumar – pelo menos não fumar cigarros.) Agora, porém, surge uma questão intrigante: a evidência científica nesta questão é excessivamente complicada; sua maior parte baseia-se em estatísticas enganosas. Muito poucas pessoas estão em condições de formar uma opinião independente. Isto quer dizer que sua posição, se tiver alguma, baseia-se na fé nesta ou naquela autoridade. Nos últimos anos, nos Estados Unidos, isto significou fé no cirurgião geral, o chefe de uma agência do governo federal. Agora pergunte-se por que as pessoas que não acreditam numa palavra pronunciada por, digamos, o secretário de Estado (sem falar no conselheiro de Seguridade Nacional) acreditam que o caso está encerrado porque o cirurgião geral diz. Perguntar é uma questão sociologicamente rendosa.

Existe uma considerável tradição no pensamento social moderno que remonta a Nietzsche, Marx e até antes, que procura expor a relação entre ideias e interesses. Uma questão importante tem sido se há quaisquer ideias que são ou podem ser mantidas de modo desinteressado (compare, p. ex., a conhecida discussão desta questão no livro de Karl Mannheim *Ideologia e utopia*). Acho que há. Mas há uma regra, sempre que algum indivíduo ou grupo propõe uma suposta verdade, de perguntar se essas pessoas têm algo a ganhar com esta alegação. Nem sempre se pode responder que sim; mais geralmente a resposta é que ninguém pode. Isso talvez seja, por assim dizer, filosoficamente deprimente. Resta um fato crucial a se ter em mente: decide-se olhar para o mundo como ele é ou se se prefere um como se gostaria que fosse.

Voltemos ao livro de Cristina Luker sobre o aborto na Califórnia. O achado mais importante que surgiu da pesquisa dela foi que os dois grupos de ativistas, os partidários da decisão e os partidários da vida, estavam espantosamente polarizados em termos de ocupação e educação – em linguagem sociológica, em termos de *classe*. Os achados de Luker foram confirmados por outra pesquisa. Parece que o fator principal que determina a atitude de um indivíduo (homem ou mulher) frente ao aborto é a classe – mais ainda que a religião. É muito simples o que isto significa. Quanto mais alguém ascende no sistema de classe americano, mais se encontram pessoas com atitudes favoráveis ao aborto. Por que isso é assim? Os dados de Luker (que só se referem a mulheres, mas sabemos por outros estudos que os homens seguem o mesmo padrão) dão uma resposta clara: a maternidade é um principal ativo social para as mulheres da classe operária e da classe média baixa, ao passo que é um passivo social para as mulheres da classe média alta, especialmente (como é cada vez mais o caso) se elas estão em ocupações profissionais ou administrativas. Em outras palavras, quaisquer que possam ser os aspectos éticos e filosóficos da questão, a maneira como as pessoas se manifestam a respeito está muito mais ligada aos interesses pessoais, de ambos os lados.

O que é mais intrigante é que as atitudes em relação ao aborto estão inseridas em constelações muito mais amplas de crenças e valores que são motivadas pela classe. Ligado a isto vou mencionar o que acho que é uma das hipóteses mais rentosas na recente ciência social americana, a da chamada Nova Classe (*New Class*). Eu prefiro o termo "Classe de conhecimento". A hipótese propõe que houve uma divisão no que costumava ser uma classe média unificada. Onde antes havia só uma, agora existem duas classes médias. Uma é a velha classe média, derivada da burguesia histórica e ainda centrada na comunidade empresarial. A outra é uma classe constituída por aqueles que derivam seus meios de vida e seu *status* da produção e distribuição do conhecimento (especialmente conhecimento simbólico, quer dizer, conhecimento não relacionado com bens materiais e serviços). A hipótese não só afirma que este novo conhecimento existe (que poderia ser uma simples questão de classificação), mas também tem características específicas em termos de visão de mundo e estilo de vida. Agora existe considerável apoio para esta hipótese. (Não consigo resistir à tentação de mencionar que um dos primeiros projetos de pesquisa empreendido pelo Instituto para o Estudo da Cultura Econômica da Universidade de Boston, que tive o prazer de dirigir, foi uma tentativa de verificar esta hipótese. John McAdams, um cientista político, analisou de novo um grande volume de dados de pesquisa que permitem correlações entre ocupação e uma variedade de opiniões, atitudes e padrões de comportamento. Os achados de McAdams são de forte apoio à hipótese.) A evidência mostra que, falando em geral, a nova classe de conhecimento está politicamente à esquerda da antiga classe média. Qual o motivo disto?

Novamente uma análise dos interesses pessoais nos ajuda a entender o que de outro modo seria totalmente enigmático. Nas democracias ocidentais, de modo geral, estar à esquerda agora raramente significa aceitar um programa socialista. Ao invés, o crescente debate entre esquerda e direita refere-se ao âmbito e natureza da intervenção governamental tanto na economia como na vida social. Mais especificamente, a esquerda defende a manutenção e ampliação da máquina do Estado de Bem-estar Social, ao passo que a direita desconfia dele e procura limitá-lo. Quando se olha para este debate, em termos de interesse de classe, todo o mistério desaparece. Para a comunidade empresarial o Estado de Bem-estar é, essencialmente, um peso. A nova classe de conhecimento, por outro lado, depende grandemente de subsídios do governo e de fato muitos de seus membros estão empregados em burocracias do Estado de Bem-estar. Colocado de modo diferente, muito do atual debate esquerda/direita é entre os que têm um interesse pessoal na produção e aqueles que têm interesse na redistribuição. Ora, não pode ser suficientemente enfatizado que tal visão não resolve nem pode resolver qualquer questão singular levantada no debate, ou conduzir diretamente a um juízo moral. Posso entender que a classe empresarial tem um interesse em impostos mais baixos e a classe de conhecimento em políticas de redistribuição dos impostos coletados, e posso até decidir que a moral apoia uma posição favorável a ambos os interesses. Mas eu diria que tal exercício de desencantamento sociológico realmente facilita uma clara decisão moral: as pessoas naturalmente sempre reclamam que o outro tem interesses pessoais; a própria posição, ao contrário, é motivada por puro amor à humanidade ou por uma busca desinteressada da verdade. Esta afirmação, sujeita a um exame sociocientífico, quase nunca se sustenta. Mas isto liberta em vez de tolher o juízo moral. Agora entende-se que existem interesses pessoais em qualquer assunto, e esta compreensão melhora a possibilidade de fazer um juízo moral sobre os méritos do caso. Mais uma observação que tem alguma utilidade: uma vez que se compreende o poder dos interesses pessoais na formação das crenças humanas e seus valores, prestar-se-á atenção muito especial a juízos morais que parecem ser *contrários* aos interesses pessoais daqueles que os fazem!

Finalmente, a quarta contribuição, *a avaliação das compensações*. Credita-se a Milton Friedman a declaração que a lição mais importante de economia é que não existem almoços grátis. Não apenas em economia: a aplicação de todas as perspectivas sociocientíficas ao domínio do juízo moral e da ação política dá a mesma lição. A coisa mais fácil no mundo é proclamar o bem. A parte difícil é imaginar como o bem pode ser realizado sem custos exorbitantes e sem consequências que negam o bem. Eis o motivo por que uma ética de responsabilidade deve ser cautelosa, calcular uma quantidade sempre incerta de meios, custos e consequências. Isto é tedioso e infindavelmente frustrante, e é o motivo por que tantas pessoas, especialmente jovens, são levadas para uma ética de atitude: *a pureza moral é uma das conquistas humanas mais baratas*. Seus resultados podem ser comumente resumidos nesta ou em outra paráfrase da famosa declaração de um oficial americano durante a Guerra do Vietnã: "Tivemos de destruir a aldeia a fim de libertá-la".

Vou falar um pouco sobre o Vietnã, e fá-lo-ei num tom levemente confessional (isto pode ser aceitável numa preleção que trata de juízo moral). No final da década de 1960 eu estava ativamente envolvido com o movimento antiguerra. Não estava então mais à esquerda do que estou agora. Eu era parte do segmento do movimento antiguerra (provavelmente a maioria) que não tinha nenhuma admiração particular pelo outro lado nesse conflito e que estava simplesmente motivado pela repulsa das desumanidades cometidas pelo nosso lado. Nossos motivos, olhando retrospectivamente, eram, se não puros, completamente irrepreensíveis. Havia atos atrozes cometidos pelos Estados Unidos e seus aliados. Nós nos sentíamos responsáveis como cidadãos americanos, e por isso achávamos que era responsabilidade nossa agir politicamente a fim de parar a guerra. Fomos mais bem-sucedidos que nossos maiores sonhos. Paramos a guerra. É claro que não fomos nós que fizemos isso (o movimento doméstico contra a guerra não foi o único motivo por que os Estados Unidos abandonaram a Indochina), mas certamente contribuímos de modo significativo. Do modo como vai a política, realmente tivemos êxito: não fizemos nada menos do que ajudar a provocar a primeira desgraçada derrota na história dos Estados Unidos.

Este episódio na minha biografia política (tal como é) ensinou-me algumas lições importantes. Algumas não têm importância para o tema atual (como as lições sobre alianças com a esquerda ideológica ou sobre confiar nos meios de comunicação americanos para informação). Mas a lição mais importante, neste estágio de minha vida, eu realmente não devia ter aprendido: quando se está na política, não recebemos recompensas por boas intenções; somos julgados pelos resultados. E os resultados destas ações políticas particulares foram quase todos maus e em massa. Deixarei de lado os resultados que na política doméstica americana e no sistema internacional são considerados em sua maioria maus. Em vez disto vou mencionar os resultados para o povo da Indochina, aquelas pessoas em prol das quais as ações eram empreendidas em primeiro lugar. No Vietnã do Sul o resultado foi a imposição de uma tirania totalitária implacável, que não só conduziu a uma opressão política muito pior do que a praticada pela ditadura com que os Estados Unidos se tinham aliado durante a guerra, mas que também afligiam o país com políticas econômicas loucas que fizeram dele o mutilado do Sudeste Asiático. Os resultados foram terror e pobreza, deportações em massa, um gulag vietnamita e os horrores experimentados pelos refugiados. E no Cambodja o resultado foi um dos piores casos de genocídio na história do século XX, a aniquilação de todo mundo entre um quarto e um terço do povo do Cambodja por parte do regime do Khmer Vermelho. Foi *isto* que nosso grande protesto humanitário ajudou a ocasionar.

Ao dizer estas coisas não estou fazendo uma confissão de culpa. Como disse antes, nossas intenções eram moralmente irrepreensíveis, e é preciso fazer uma distinção cuidadosa entre culpa e responsabilidade. Acho que minha maior responsabilidade que se mostrou em minha parte (sem dúvida menor) nesta triste história é a firme resolução de *nunca de novo* ser seduzido por uma política de pureza moral que desdenha o cálculo dos meios, custos e consequências. Nós certamente não podíamos prever as horrendas consequências que acabei de citar, e espero ardentemente que no juízo final não sejamos acusados delas. Mas o ponto imediatamente pertinente é que *nós não tentamos*. Ninguém conhece o futuro, mas o ator responsável faz um esforço para avaliar possíveis futuros e ajustar as suas ações a este cálculo.

O Vietnã é mais um exemplo. Tornou-se o protótipo de uma política de pureza moral que agora tem sido institucionalizada nos Estados Unidos e, numa medida menor, em outras democracias ocidentais. As questões certamente mudam. Algumas são internacionais, outras são internas. O que resta agora é um altamente organizado "eleitorado da consciência" (essa arrogante autodesignação também deriva do movimento antiguerra), centrado nas instituições da elite cultural e nas igrejas socialmente estabelecidas, que habitualmente trata qualquer um que faça uma pergunta sobre prováveis consequências como um pária moral. E vale a pena enfatizar que, certamente, existem comunidades comparáveis de suposta pureza moral na direita do aspecto político americano. Se esta aula fosse dada, digamos, numa academia batista do sul no Texas, seria importante desenvolver este ponto; fazer isto em Boston seria divertir o público.

Seria útil dar mais um exemplo do que está em questão aqui, este realmente muito recente: a campanha pelas sanções econômicas contra a África do Sul. Esta é uma questão que cheguei a conhecer bastante bem nos últimos dois anos e, direi enfaticamente, não tenho nenhuma divergência normativa com qualquer um que julgue que o apartheid é um sistema moralmente repugnante. Mas aqui esta não é de modo algum a questão. Ao contrário, a questão é se medidas econômicas particulares defendidas pelo movimento antiapartheid (principalmente desinvestimento por parte das companhias americanas e várias sanções por parte do governo americano) tendem ou não a apressar o fim do atual sistema sul-africano. Isso eu também não sei; ninguém sabe (e isto inclui economistas eminentes). Provavelmente muito depende se pensarmos em termos de curto ou de longo prazo. A curto prazo, agora está totalmente claro, as medidas econômicas ocidentais dirigidas contra a África do Sul conduziram a consequências quase opostas às antecipadas pelos defensores: a economia sul-africana está em fase de modesta recuperação (em parte alimentada pela subida do preço do ouro, que, por sua vez, ironicamente, é devido ao nervosismo a respeito das medidas ocidentais contra a África do Sul). Longe de ter sido obrigado "a se ajoelhar", o governo sul-africano está mais truculento do que antes, e ganhou muito com os sentimentos antiocidentais entre os brancos sul-africanos nas recentes eleições. Nas mesmas eleições a direita também ganhou, ao passo que o principal partido antiapartheid que participa da política parlamentar experimentou uma humilhante derrota. O que seria mais incômodo para os americanos é que a ausência de resultados rápidos levou a um desvio da atenção pública em relação à África do Sul; parece que agora há assuntos mais interessantes com os quais se ofender moralmente. Não é preciso dizer que o custo de tudo isso não é bancado pelos americanos, mas pelos sul-africanos negros, que até agora experimentaram deslocamentos econômicos moderados e um aumento longe de ser moderado na repressão governamental.

Esta não é a ocasião adequada para discutir o que os americanos preocupados com a democracia não racial na África do Sul podem ou não podem de fato fazer. Insisto apenas que qualquer ação deveria se preocupar primeiro e antes de tudo com resultados, com um cálculo cuidadoso das consequências. Não é sem importância tomar medidas que podem custar sofrimento humano e até vida humana num país distante. Fazer isto sem uma meticulosa avaliação das compensações é moralmente irresponsável. Fazê-lo porque faz sentir-se moralmente puro é desprezível.

* * *

Tentei mostrar como uma perspectiva sociocientífica pode ser útil a uma política moralmente responsável que leva a sério as realidades políticas. Está na hora de chegar a uma conclusão. Não estou bem certo sobre como concluir. Obviamente não com alguma mensagem inspiradora sonora, já que o tom dado aqui foi de moderação, não de entusiasmo. Talvez seja conveniente voltar mais uma vez a Max Weber.

Quando Weber usou a palavra "vocação" (*Beruf*) para se referir à política, ele sabia quais associações estava invocando. Afinal, ele discutira longamente as permutações da noção cristã de vocação no seu livro mais importante, *A ética protestante e o espírito do capitalismo*. A vocação é uma ocupação para a qual se é chamado – por Deus, pelo destino, pelas circunstâncias, talvez pela necessidade interior. Por conseguinte alguns indivíduos podem ter esta vocação, outros não. Eu nunca fui persuadido por aqueles (alguns na esquerda, alguns na direita) que insistiram que cada um tem a obrigação de ser politicamente ativo. Parece-me que esta é uma visão estreita, que acaba sendo opressora, do político. Mesmo numa democracia – talvez especialmente numa democracia – se deve conceder o direito de os indivíduos *não* serem ativos ou mesmo se interessarem por política. Sua vocação pode ser cuidar dos doentes. Ou criar filhos. Ou, quanto a isso, pintar ideogramas em telas de seda. Mas alguns de nós *serão* chamados à ação política, se não como uma ocupação permanente, pelo menos em certas situações e em certos momentos de nossas vidas. Esta vocação tem sérias implicações morais, sendo algumas delas intimamente relacionadas com as considerações anteriores.

Tem sido um lugar-comum da chamada "ciência política" (uma categoria contraditória em si, tendo eu a pensar) que, quanto mais um autor conhece uma situação, mais efetivo ele será nela. Provavelmente é assim (embora possa haver algo como uma sobrecarga da informação que pode paralisar a ação, que levou um cientista político, Warren Ilchman, a cunhar a bela expressão "ignorância ótima"). Mas um cientista social sabe que por mais que conheçamos uma situação, nosso conhecimento será incompleto e menos do que certo. Ao contrário das noções populares, a ciência não é o domínio da certeza, mas de probabilidades. As únicas certezas que se tem na vida humana estão no domínio da *raison du coeur*; por natureza elas são morais e religiosas, não científicas. Ora, o cientista, seja nas ciências humanas ou nas naturais, não deve se incomodar com isso (a não ser que a ciência é o único sentido de sua vida – uma condição rara e provavelmente patológica). Ele sempre pode dizer (e quantos livros de ciências sociais acabam com esta frase) que "mais pesquisa é necessária". A ciência, como a arte, é longa. Mas a vida é breve. O ator político não pode esperar por conclusões de pesquisa que sempre voltam. Ele é obrigado a agir agora, e isso significa agir numa situação de considerável ignorância. Agir politicamente é arriscar-se. Às vezes estes riscos são terríveis.

O risco empírico, naturalmente, funda-se no que, segundo Weber, pode-se chamar de "Lei Férrea das Consequências não Intencionadas". Nós podemos (como acabamos de argumentar), devemos, tentar avaliar e prever as consequências de nossas ações políticas. Mas toda avaliação deste tipo continua probabilística. Sempre de novo as consequências de nossas ações nos escapam e voltam para nos assombrar. O risco moral é que seremos responsáveis pelo mal e pelo sofrimento que podem ser o custo de nossas ações. Como o Apóstolo Paulo disse em sua Carta aos Romanos: "Quero fazer o que é certo, mas não consigo. Não faço o bem que quero, mas o mal que não quero". Paulo não estava pensando em política, mas a passagem aplica-se de modo singular à esfera da ação política. Dito em termos seculares, não se pode agir politicamente sem sujar as mãos. E às vezes, infelizmente, não se pode agir politicamente sem acabar com sangue nas botas. Se se preferir, esta é outra lei férrea, a *das mãos sujas*. Se não fecharmos os olhos a esta realidade (suponho que seja a maneira mais comum de tratar o assunto), penso que há apenas duas posições existenciais com as quais podemos chegar a um acordo. A primeira é religiosa: a compreensão que Paulo tem da justificação pela fé é uma versão cristã centralmente importante disto. A segunda é estoica: carregar com toda consciência o fardo do mal não tencionado que é parte da condição humana. Esta, aliás, foi a decisão de Max Weber, uma aceitação da tragédia que raiava o heroico. (Uma vez perguntaram a Weber: "Se é isto que você pensa, por que continua fazendo sociologia?" Ele respondeu: "Eu quero ver até onde aguento.) Tenho imenso respeito por esta espécie de estoicismo, mas, como alguns de vocês sabem, minha resposta a este dilema existencial é religiosa; na realidade ele é, *stricto sensu*, paulino.

Repetindo, as ciências sociais nos ensinam uma versão particular da "arte da desconfiança". Além disso, são intrinsecamente antiutópicas. Especialmente a sociologia, desde o começo, foi marcada por um espírito de desencantamento – olhando debaixo ou atrás das fachadas da vida social, trazendo segredos para fora (como, p. ex., todos os segredos sujos de classe), desmascarando os interesses pessoais escondidos atrás de retórica sublime – se preferirem, uma empresa certamente subversiva. É irônico que tantos sociólogos, céticos inveterados quando se trata do presente, têm sido nebulosamente crédulos acerca do futuro. Parece-me que o ceticismo sociológico deve aplicar-se não só ao *status quo*, mas a qualquer programa político que pretenda substituí-lo. Isto se aplica com particular urgência às duas grandes fantasias utópicas da era moderna, o mito do progresso e o mito da revolução.

Usei repetidamente palavras que alguns de vocês, especialmente os mais jovens, podem achar arrepiantes – "cautela", "moderação", "cuidado". São palavras que prenunciam paralisia? Com todo este ceticismo e com toda esta cautela não acabaremos inevitavelmente não fazendo nada? E, consequentemente, abandonar o cenário político aos ladrões e aos fanáticos que não têm tais escrúpulos? Minha resposta é, enfática e apaixonadamente, *não*. De modo algum! Acho que se pode mostrar que ações descuidadas causaram dano muito maior na história do que a inação causada pelo cuidado. Seja como for, porém, não há motivo por que a cautela deveria levar à inação. Se isso fosse verdade, nenhum de nós se entregaria nas mãos de um cirurgião. Creio que a vocação da ação política não exige menos responsabilidade do que a da cirurgia. E em ambas as vocações a norma central deveria ser aquela parte do juramento de Hipócrates que manda que acima de tudo o médico não cause maior dano.

9 Liberdade religiosa
Sub specie ludi *

Esperar ouvir uma apresentação após o jantar na conclusão de uma conferência tão pesada como esta pode não ser uma infração contra a liberdade religiosa, mas poderia muito bem ser interpretada como uma violação a *algum* direito humano fundamental. Qualquer jurista fiel à doutrina da intenção original certamente concordará que esta expectativa viola a proibição constitucional de punição cruel ou incomum. No entanto, tendo sagazmente sido seduzido a infligir este castigo a vocês, acho que neste último dia eu o experimentarei junto com vocês. Há uma coisa que posso fazer para aliviar, é ser breve. Foi por isso que decidi colocar minhas observações por escrito, pois, como a maioria dos professores que envelhecem, eu provavelmente ocuparia todas as três horas de um seminário se falasse a partir de anotações (e por causa disso até o mais liberal de vocês reavaliaria sua posição a respeito da venerável instituição sulista de passar piche e penas).

Minha tarefa é falar sobre liberdade religiosa num contexto global, abordando seu relacionamento com o Estado totalitário e com o crescimento de movimentos fundamentais, e fazer isto

---

* Williamsburg Charter Conference, 1988.

de uma maneira leve, divertida. Isto lembra-me a história do homem que procurou interessar um editor em um livro intitulado *Como cacei ursos nas florestas de Maine*. Depois de ser aconselhado pelo pessoal do *marketing* que o livro não devia ofender os ambientalistas, devia ter algum interesse sexual, e devia ser ao mesmo tempo oportuno e inspirador, o autor conseguiu que aceitassem o livro com o título revisado: *Como fiz amor com um urso nas florestas de Maine, sob as ordens de Ollie North, e encontrei Deus*.

Procurando não chateá-los, talvez tenha de ofendê-los. Não estou abordando um assunto muito sério de uma maneira repreensivelmente frívola? Vou responder a esta acusação estabelecendo a única tese que quero apresentar-lhes esta noite: O propósito oculto da liberdade religiosa é proteger a possibilidade do riso neste mundo.

Nas recentes discussões do lugar da liberdade religiosa na política americana um certo número de pessoas argumentou que a liberdade religiosa é a liberdade primeira, que ela é o fundamento, a *fons et origo*, de todo outro direito e liberdade. Não estou certo de concordar com isto ou de ser competente para avaliar todos estes argumentos, mas concordo com a afirmação básica, e faço isto por uma razão sumamente importante: a política que reconhece a liberdade religiosa como um direito humano fundamental *ipso facto* reconhece (sabendo ou não) os limites do poder político. No centro da busca religiosa do homem está a experiência da transcendência, o encontro com uma realidade que é "totalmente outra" em relação a todas as realidades da vida comum. E uma consequência necessária deste encontro é que todas as realidades comuns, inclusive as mais imponentes e opressivas, são relativizadas. No âmbito das instituições humanas, nenhuma é mais imponente e (ao menos potencialmente) mais opressiva do que a política, especialmente em sua forma recente como Estado moderno, que é uma aglomeração de poder historicamente sem precedentes. Esta característica, certamente, manifesta-se do modo mais aterrorizador no Estado totalitário moderno, mas todos os estados contemporâneos, mesmo os mais democráticos, possuem instrumentos de poder que teriam feito os mais temíveis tiranos da Antiguidade morrer de inveja. (Imaginem o que Gengis Khan teria feito com as comunicações de rádio, ou o Imperador Calígula com um serviço fiscal interno!) O Estado realmente é um negócio muito sério, um negócio *mortal* (pois, afinal, todo Estado, mesmo o mais pacífico, descansa sobre o poder da espada), e os que representam o Estado levam-se muito a sério. É por isso que o Estado sempre se envolve com símbolos religiosos ou quase religiosos porque fomenta cerimônias solenes, e porque a recusa de ser sério em relação ao Estado é uma ofensa sempre sujeita a punição (desde a *Lêse-majesté* até a falta de decoro do Congresso). Dado tudo isso, não é de surpreender que exista uma tensão inerente entre todas as instituições de poder e a busca religiosa que tende a relativizá-las.

Sempre foi assim. Os detentores do poder político sempre tentaram conter a força potencialmente subversiva da religião controlando as instituições religiosas. Na maioria das vezes tiveram êxito nisso, mas sempre de novo apareceram porta-vozes – emissários do transcendente, se vocês preferirem – que se recusaram a desempenhar o papel de legitimadores do *status quo* político. Os detentores de poder naturalmente tiveram uma visão muito desfavorável desses desordeiros e com bastante frequência empregaram métodos muito desagradáveis para tratar dessa desordem. Quanto mais tirânico era o governo, mais urgente era a necessidade de calar os desordeiros. Na tradição bíblica, naturalmente, a figura do profeta representa do modo mais claro este desafio religioso à seriedade presunçosa dos governantes deste mundo – prototipicamente no confronto de Natã com o Rei Davi. Este drama de falar verdade transcendente a um poder mundano foi reapresentado muitas vezes na história do judaísmo, cristianismo e islã, as três grandes correntes procedentes da experiência bíblica. Mas deve-se acentuar que relativizações comparáveis da política ocorreram em outras tradições. As figuras de Antígona e Sócrates concretizam-no na Antiguidade clássica, como acontece com uma longa linha de sábios hindus, monges budistas ou acadêmicos confucianos. Todas as religiões humanas são janelas para a vastidão do transcendente: abra cada uma dessas janelas, e o brilho do poder político revelar-se-á um assunto desprezível.

É exatamente nesta sua qualidade relativizadora, desmascaradora, desencantadora das pretensões do poder humano que podemos ver a profunda afinidade entre o religioso e o cômico, entre o profeta e o palhaço.

O profeta proclama que Deus ri-se de todos os reis e imperadores da terra; o palhaço faz uma piada e revela que o rei está sem roupa. Os tiranos têm medo de profecia e de piadas. Os tiranos do totalitarismo moderno, de modo muito lógico, têm sido tão assíduos em controlar as instituições que (Deus nos livre) podem gerar profetas ao perseguir qualquer um que ouse fazer piadas a respeito de seus programas sinistramente sérios. E este é o motivo por que as igrejas tornaram-se o último refúgio de dissidentes em todas as sociedades totalitárias, e porque essas mesmas sociedades produziram um crescimento luxurioso de humor clandestino.

Acho que a Europa Oriental foi o chão mais fértil na produção deste tipo de humor relativizador (e, no sentido mais profundo da palavra, redentor). Estamos no ano 2088. Dois tchecos estão na Praça Venceslau, em Praga, na frente do Monumento a Lumumba. Há um longo silêncio. Então um diz para o outro: "Sabe, era melhor no tempo dos chineses". Havia um homem que entrou na loja de departamento estatal em Leipzig e perguntou se havia camisetas. O vendedor lhe disse: "Você deve ir ao quarto andar. Lá eles não têm camisetas. Neste andar nós não temos camisas". Espero que alguns de vocês conheça as histórias soviéticas a respeito da mítica estação de rádio em Erivan para a qual os ouvintes podem enviar perguntas. Pergunta à Rádio Erivan: "Não é verdade que o governo soviético governa muito melhor do que o governo czarista?" Rádio Erivan responde: "É claro que sim". Pergunta: "Mas parece que o governo czarista era mais popular. Por quê?" Resposta: "Porque ele governava *menos*". Quando o povo ri de tais piadas em Praga ou em Leningrado é como se, por um alegre momento, o muro da prisão da sociedade totalitária fosse rompido, transcendido (exatamente), e as janelas se abrissem para o ar fresco da liberdade. E, sejam quais forem as diferenças entre essas experiências, é exatamente isto que acontece quando as pessoas se reúnem em igrejas e sinagogas apenas toleradas para cultuar a Deus que é mais poderoso do que todos os tiranos deste mundo.

Um judeu ou um cristão crente pode pôr esta intuição dentro de uma proposição teológica: A redenção será finalmente experimentada como um alívio em escala cósmica, e mesmo agora, num mundo ainda não redimido, a redenção pode ser antecipada como uma piada curativa. Garanto-lhes que se eu tivesse tempo preparar-me-ia para defender esta proposição com toda a seriedade que desejasse, de fato com a *máxima* seriedade (a piada última é a própria essência da seriedade; só as piadas penúltimas são frívolas). Mas isto realmente não pode ser feito depois do jantar no final de uma conferência. Deixe-me, contudo, acrescentar: Se eu devesse teologizar a este respeito, fá-lo-ia como um cristão crente. Mas tenho certeza de que minha visão a respeito da primazia da liberdade religiosa numa lista de liberdades permaneceria a mesma se amanhã eu perdesse a minha fé e devesse me redefinir como agnóstico (uma contingência improvável, fico feliz em dizer, mas não está além de um exercício da imaginação). Como agnóstico eu também me preocuparia que a existência humana não se confinasse na prisão da realidade comum, e mesmo se agora eu fosse incapaz de fazer afirmações positivas sobre a natureza daquilo que transcende nossas vidas comuns, não desejaria barras de ferro para serem impostas em cada janela que pudesse, concebivelmente, abrir-se a possibilidades não imaginadas. Em outras palavras, há um argumento *secular* para ser feito a favor do primado da liberdade religiosa, como há motivos seculares para a opção democrática contra as tentações totalitárias de nossa época.

Isso leva-me a um paradoxo, que é particularmente importante no atual debate a respeito do sentido da primeira emenda nos Estados Unidos. Não posso reclamar qualquer competência nas ramificações constitucionais e jurídicas desta questão. Mas parece-me que há uma trivialidade deprimente a respeito de muito do que se disse sobre a "finalidade secular" nesta ou naquela atividade de instituições religiosas, inclusive algumas coisas que foram ditas a este respeito pela Suprema Corte. Não vou alongar-me sobre o notável espetáculo desses nove personagens que se movem em vestes sacerdotais num edifício que se parece com um templo grego e envolvem-se numa exegese infindável de um texto sagrado e então têm a ousadia de insistir que não há nenhuma instituição de religião na América. Há certamente uma "finalidade secular" que se cumpre quando uma igreja administra fabricação de sopa, um orfanato ou até (embora isto seja mais duvidoso) uma universidade. Mas a "finalidade secular" mais importante que qualquer igreja pode cumprir é lembrar ao povo que há um sentido da existência humana que transcende a todos os programas mundanos, que todas as instituições humanas (inclusive o Estado-nação) são apenas relativamente importantes e afinal não devem ser considerados seriamente, e que toda a autoridade mundana (mesmo a da Suprema Corte dos Estados Unidos) mostra-se comicamente irrelevante na perspectiva da transcendência. Então o paradoxo é este: as instituições religiosas cumprem sua mais importante finalidade secular exatamente quando elas são *menos seculares* em suas atividades. A sociedade, em certas circunstâncias, pode facilmente dispensar a fabricação de sopa ou universidades geridas pela Igreja. Dificilmente a sociedade pode permitir-se perder os avisos de transcendência que a Igreja proporciona cada vez que cultua a Deus. A proteção da liberdade religiosa cumpre a finalidade desta última anamnese, que *ipso facto* protege a possibilidade do riso e o extraordinário mistério da condição humana.

Não partilho da visão de que a democracia é a mais nobre forma de governo, menos ainda do messianismo wilsoniano que veria os Estados Unidos como o instrumento providencial pelo qual a democracia deve ser imposta a toda a nação na Terra (um messianismo, aliás, para o qual a direita americana está tão propensa como a esquerda – diferindo as duas apenas a respeito de *quais* países recalcitrantes devam ser objeto da cruzada democrática). Ao invés, inclino-me a concordar com Winston Churchill que a democracia é um negócio horripilante – até que se considerem as alternativas, ou pelo menos as mais disponíveis nas condições modernas. O Estado moderno, por motivos enraizados em sua própria estrutura, contém o impulso para se expandir em todo recanto e meandro da sociedade. O Estado totalitário é, naturalmente, a apoteose (escolho a palavra deliberadamente) deste impulso. A democracia fornece o único mecanismo institucional fidedigno para refrear o impulso totalitário. Ele não faz isto por causa de sua ideologia. Tem havido casos do que J.L. Talmon chamou "democracia totalitária", pelo menos na esfera das ideias (o jacobinismo foi sua versão original); às vezes, infelizmente, na esfera dos fatos. Mas o ponto central da democracia ocidental, e certamente do experimento democrático dos Estados Unidos, é a institucionalização dos limites ao poder do governo. Os cientistas políticos definiram a democracia de diferentes maneiras; a maioria reduz-se a dois elementos-chave: eleições regulares e alguma espécie de declaração de direitos. Noutras palavras, a democracia procura garantir (não esporadicamente, mas através de instituições predizíveis) que os maus elementos podem ser eliminados de tempos em tempos e que há certas coisas que eles não podem fazer enquanto estão lá. A democracia (não como uma ideia, mas como uma realidade política em funcionamento) baseia-se na suspeita e irreverência – e é exatamente por isso que é a melhor proteção contra o projeto totalitarista, que exige fé e veneração. Toda constituição democrática deve dizer repetida e insistentemente ao Estado: "Até aqui e não além". Toda proteção das liberdades políticas e dos direitos humanos, naturalmente, faz exatamente isto. O reconhecimento da liberdade religiosa, como um direito fundamental e irrevogável, faz isto de uma maneira fundamental. A liberdade religiosa não é um dos muitos benefícios que o Estado pode decidir conceder a seus súditos; ao contrário, a liberdade religiosa enraíza-se na própria natureza do homem e, quando o Estado a reconhece, ele *ipso facto* inclina-se ante a soberania que transcende radicalmente toda manifestação mundana de poder. Para o crente religioso, naturalmente, esta é a soberania de Deus; para o agnóstico será a soberania daquele mistério dentro do homem que sempre consegue ir além do dado: o mistério da liberdade do homem.

Parece-me que estas considerações têm consequências muito práticas para muitas das controvérsias que atualmente dividem a sociedade americana. Temos razão em ser gratos porque esta sociedade é democraticamente governada, que a controvérsia é possível e de fato protegida, e que a liberdade religiosa é em geral garantida. No entanto seria muito estúpido ser indulgente com as tendências totalitárias que existem mesmo dentro desta sociedade, algumas das quais estão muito presentes em questões que se referem à liberdade religiosa. Não tenho tempo para detalhar isto. É suficiente dizer que uma das características do projeto totalitário é sempre a insistência em tornar clandestina a propensão metafísica do homem, em banir a transcendência do âmbito público (exceto na forma domesticada da religião civil estabelecida) e tornar toda a vida social sujeita à mundividência trivial da racionalidade funcional. Dito de maneira simples, o projeto totalitário exige um mundo sem janelas; a defesa da liberdade religiosa é o contraprojeto de manter as janelas abertas para o maravilhoso de nossa condição.

* * *

Como me desempenhei de meu compromisso até aqui? Certamente falei algumas coisas sobre liberdade religiosa e sobre o totalitarismo. Fui razoavelmente global, e fiz algumas fracas tentativas de ser divertido. O que deixei fora? Oh, sim, ainda há a questão do fundamentalismo. Vejamos. O problema, certamente, é que o fundamentalismo de um é a verdade autoevidente do outro. Dependendo de onde você vive, a palavra pode evocar as tentativas oficiais do Partido Comunista para preservar a ortodoxia marxista-leninista, ayatollahs colocando mulheres atrás de véus, ou recém-nascidos curadores de seminários acusando professores de não ensinar que Moisés escreveu o Pentateuco. Aconteceu de eu morar dois quarteirões longe de Charles River; quando *eu* ouço a palavra "fundamentalismo", penso em meus colegas e vizinhos acadêmicos cujas convicções inflexíveis e intolerância farisaicas de hereges estão totalmente cheias de padrões de ayatollah (embora, graças a Deus, não têm a força de ayatollah de pô-las em vigor). Talvez nos satisfaçamos aqui com uma definição *ad hoc* de fundamentalismo como um sistema de fé que abarca tudo mantido com rígida certeza e unido à segurança moral do direito de impor isso a qualquer um. O fundamentalismo assim entendido, seja qual for o seu conteúdo de ideias, será sempre inimigo da liberdade religiosa; sempre e em toda parte, ele só pode florescer atrás de janelas hermeticamente fechadas; e onde quer que veja uma janela aberta, sente a compulsão urgente de fechá-la com força.

É indubitavelmente correto dizer que no decorrer da maior parte da história humana a maioria do fanatismo tem sido religioso. Isto é fonte de tristeza para qualquer crente religioso. É fonte de tristeza para mim como cristão que acredita que não só é possível ser religioso sem ser fanático, mas a fé religiosa genuína *exclui* o fanatismo. Também no mundo contemporâneo, é triste dizer, ocorreram notáveis surtos de fundamentalismo religioso. Os casos mais dramáticos são o fundamentalismo islâmico e o fundamentalismo protestante, sendo ambos forças enormemente poderosas internacionais e ambos (embora tenham entre si importantes diferenças) capazes de inspirar inumeráveis pessoas a mudar radicalmente suas vidas. Outras tradições religiosas, contudo, mostraram-se capazes de explosões igualmente semelhantes de fanatismo desagradável e, às vezes, homicida. Vou citar apenas os católicos e protestantes da Irlanda do Norte, as seitas islâmicas e cristãs no Líbano, o fundamentalismo judeu em Israel, hindus e budistas em Sri Lanka, os Sikhs no Punjab, e um extraordinário sortimento de cultos sincréticos em toda a África ao sul do Saara. Garanto que não estou convencido por aqueles que veem o fundamentalismo protestante como um comparável perigo ao pluralismo e à paz cívica, mas insisto que há situações, também na América, em que a liberdade religiosa é ameaçada pelo fanatismo religioso (certamente pensaria assim se fosse professor de seminário pronto a ser condenado por ensinar modernos métodos de estudo bíblico, embora, mesmo em minha angústia, consolar-me-ia com a ideia de que meus perseguidores não podem chamar a polícia em auxílio deles).

Mesmo assim, falando na América a um público que suponho que tenha ampla educação superior, devo dizer que os fundamentalismos mais generalizados com que nos defrontamos são os seculares. Politicamente, são tanto da esquerda como da direita; no meio da nova classe de conhecimento na América seria divertir os ouvintes continuar a falar da direita (como quando, num ato que ele mesmo, modestamente, descreveu como corajoso, um antigo presidente da Universidade de Yale denunciou a "maioria moral"). Nesse meio há um desprezo confuso a respeito das "superstições" do fundamentalismo religioso, como acreditar que a Bíblia é literalmente inspirada ou que a oração pode causar milagres. Como luterano teologicamente liberal, devo confessar que achei a primeira proposição improvável e que inclino-me para o ceticismo acerca de qualquer especificação concreta da segunda. Mas entre os desdenhadores cultos de Jerry Falwell e seus seguidores acredita-se em geral que a ex-União Soviética mudou fundamentalmente porque tinha o primeiro líder a quem a roupa caía bem, que a instituição de cotas raciais era um meio para uma sociedade sem problemas raciais, ou que um feto de seis meses deveria ter o estatuto legal apenas comparável a uma verruga. Acho que aqui temos "superstições" muito mais perigosas do que aquelas encontradas no interior do protestantismo. São os valores e os preconceitos da classe de conhecimento, *não* os do Reverendo Falwell, que formam importantes políticas, adquirem força de lei e definem o que é culturalmente aceitável. É primeiramente contra *eles*, e não contra a subcultura do protestantismo conservador, que a liberdade religiosa deve ser protegida. É exatamente a classe de conhecimento que hoje procura uma "religião institucionalizada", isto é, a imposição pelo poder estatal de sua mundividência particular e sua moral, e que interfere com o "livre-exercício da religião" dos que discordam dessa ideologia.

A psicologia social de todos os fundamentalismos, religiosos ou seculares, não tem grandes enigmas. Seu motivo central é o que Erich Fromm chamou de "fuga da liberdade" – a fuga para uma certeza ilusória e necessariamente intolerante das inseguranças do ser humano. É muito provável que o motivo seja antigo, mas toma uma força especial sob as circunstâncias da Modernidade. Escrevi extensamente sobre este assunto e não poderei desenvolver cabalmente a minha compreensão dele aqui; posso apenas afirmar que há uma relação dialética entre a multiplicação de escolhas causadas pelo pluralismo moderno e a fuga para uma escolha definitiva postulada como um absoluto. A afirmação da liberdade religiosa repudia por contraste tais absolutos ilusórios. Pode tomar uma forma crente ou cética. A última será uma aceitação estoica da incerteza; a primeira baseia-se no reconhecimento de que a fé não exige falsas certezas, que pode viver até com dúvidas. É por isso que o fanático não consegue rir (uma incapacidade que tem em comum com o totalitarismo). A fé, ao contrário, abre a possibilidade de rir no nível mais profundo – o riso que participa, antecipadamente, do jogo alegre dos anjos.

Alguns de vocês podem ter ouvido a história do jovem rabino que deixou a Europa Oriental mais ou menos na virada do século para trabalhar numa congregação na América. Quando foi despedir-se do seu professor, este lhe disse: "Deus o abençoe, meu filho. E lembre-se sempre: a vida é como uma xícara de chá". Muitas vezes, nos anos que se seguiram, o rabino ficava imaginando o que o idoso homem queria dizer com esta observação enigmática. Então, muitos anos depois, ele teve oportunidade de voltar para visitar sua cidade natal. O velho homem ainda vivia. Quando foi visitá-lo o rabino decidiu perguntar-lhe. "Você se lembra", perguntou, "que, quando fui para a América e você me deu sua bênção, você disse que eu devia sempre lembrar que a vida é como uma xícara de chá? Muitas vezes fiquei imaginando o que você queria dizer. Por favor, diga-me agora: O *que* você queria dizer?" O idoso homem sacudiu a cabeça e perguntou: "Foi isso que eu disse para você?" "Sim, foi isto que você disse. O que significa?" Houve um longo silêncio. Então o velho homem disse: "*Nu* talvez a vida *não* seja como uma xícara de chá".

Observações finais
Rumor de anjos

"Tudo está cheio de deuses", exclamou Tales de Mileto. O monoteísmo bíblico varreu os deuses na glorificação da terrível majestade do Único, mas a plenitude que dominou a Tales continuou a viver por muito tempo nas figuras dos anjos, aqueles seres de luz que testemunham a plenitude da glória divina. Nas visões proféticas, eles cercam o trono de Deus. Sempre de novo, nas páginas do Antigo e do Novo testamentos, aparecem como mensageiros (*angeloi*) deste Deus, sinalizando sua transcendência, bem como sua presença no mundo do homem. Os anjos sinalizam sobretudo a preocupação de Deus por este mundo, no julgamento e na redenção. Nada é deixado fora desta preocupação. Como o exprimiu um escritor rabínico: "Não há um talo de árvore na terra que não tenha seu anjo (protetor, guardião) no céu"[50]. Na visão religiosa da realidade, todos os fenômenos apontam para aquilo que os transcende, e esta transcendência afeta ativamente todos os aspectos da esfera empírica da existência humana.

Foi somente com o começo da secularização que a plenitude divina começou a recuar, até que atingiu o ponto em que a esfera empírica se tornou abarcadora de tudo e perfeitamente fechada sobre si mesma. Neste ponto, o homem estava verdadeiramen-

---

50. Apud DAVIDSON, G. *A Dictionary of Angels*. Nova York: Free Press, 1967, p. XV.

te sozinho na realidade. Percorremos um longo caminho desde os deuses e os anjos. As fissuras da realidade deste mundo que aquelas figuras poderosas corporificavam mais e mais desapareceram de nossa consciência como possibilidades sérias. Eles estão por aí como contos de fada, nostalgias, talvez como símbolos vagos de alguma coisa. Há alguns anos, a um padre trabalhando numa favela de uma cidade da Europa, fez-se a pergunta por que estava fazendo aquilo e respondeu: "Para que o rumor de Deus não desapareça completamente". A palavra exprime bem o que os sinais da transcendência se tornaram em nossa situação – rumores –, e rumores não muito conceituados.

Este livro não foi um tratado sobre os anjos. Na melhor das hipóteses, poderia ser um prefácio à angelologia, se por angelologia se entender um estudo dos mensageiros de Deus como sinais seus na realidade. Estamos, quer gostemos ou não, numa situação em que a transcendência foi reduzida a um boato. Não podemos fugir de nossa situação com um pulo mágico. Não podemos prontamente, e de certo não quereríamos, voltar a uma situação anterior na história da luta do homem com a realidade. Por isto, dei-me ao trabalho, numa porção de pontos da minha argumentação, de ressaltar que o que estou defendendo não é nem esotérico nem "reacionário". Mas tentei também mostrar que nossa situação não é uma fatalidade inexorável e que a consciência secularizada não é o absoluto como ela quer apresentar-se. Temos de começar com a situação em que nos encontramos, mas não nos devemos submeter a ela como a uma tirania irresistível. Se os sinais de transcendência se tornaram rumores em nossa época, então podemos nos lançar na exploração destes boatos – e talvez segui-los até sua fonte.

A redescoberta do sobrenatural será sobretudo uma reconquista da abertura em nossa percepção da realidade. Não será somente, como teólogos influenciados pelo existencialismo por demais acentuaram, uma vitória de tragédia. Talvez com maior importância será a vitória da trivialidade. Na abertura aos sinais da transcendência, as verdadeiras proporções da nossa experiência são redescobertas. É o alívio cômico da redenção; possibilitam-nos rir e brincar com uma nova plenitude. Isto de maneira alguma significa uma fuga dos desafios morais do momento, e sim a mais cuidadosa atenção a cada gesto humano que encontramos ou cada gesto a que fomos convocados a fazer nos dramas cotidianos da vida humana – literalmente, uma "preocupação infinita" com o negócio dos homens – precisamente porque, nas palavras do escritor do Novo Testamento, é no meio destes negócios que "alguns, sem saber – hospedaram anjos" (Hb 13,2).

Penso que esta abertura e o reproporcionamento que esta atitude envolve têm uma significação moral, até mesmo uma significação política de não pequeno grau. O benefício moral principal da religião é que ela permite uma confrontação com a época em que se vive numa perspectiva que transcende à época e assim a coloca em proporção. Isto justifica a coragem e a põe à salvaguarda contra o fanatismo. Encontrar coragem para fazer o que se tem que fazer num dado momento não é o único bem moral. É também um grande bem moral que este mesmo momento não se torna o elemento essencial da existência, que, aceitando suas exigências, não se perde a capacidade de rir e brincar. Já devemos ter experimentado a inflexível falta de humor das revolucionárias ideologias contemporâneas em apreciar plenamente os poderes humanizadores da perspectiva religiosa. Quase não se precisa insistir aqui nas exigências morais de nossa situação, especialmente na América de hoje; fazem tremer a imaginação. Se as abordamos num espírito de dia do juízo ou num espírito de renovada esperança na eficácia de programas particulares de ação, muitas vezes depende de termos acabado de ler o jornal da manhã ou da tarde. Em qualquer um dos casos, uma das melhores coisas que nos pode acontecer é a lembrança de que, para usar o sugestivo termo de Dietrich Bonhoeffer, todos os acontecimentos históricos são "penúltimos", de que sua significação última repousa numa realidade que os transcende e transcende todas as coordenadas empíricas da existência humana.

Na maior parte deste livro tratei da redescoberta do sobrenatural como uma possibilidade para o pensamento teológico em nossos dias. É impossível saber com segurança se uma tal redescoberta permanecerá a propriedade de minorias cognitivas mais ou menos isoladas, ou se talvez tenha um impacto de dimensões históricas mais vastas. É possível especular, mesmo arriscar prognósticos, com base no que é empiricamente cognoscível agora, mas toda "futurologia" é um negócio frágil. O sociólogo e, provavelmente, qualquer outro observador dos fenômenos humanos será tentado a prognosticar, e eu mesmo já caí nesta tentação. Mas gostaria de acentuar uma vez mais que todo aquele que se aproximar da religião com um interesse em sua possível verdade, mais do que neste ou naquele aspecto de suas manifestações sociais, faria bem em manter uma certa indiferença quanto a prognósticos empíricos. A história provoca certas perguntas sobre a verdade, dá certas respostas mais ou menos acessíveis, constrói e desintegra estruturas de plausibilidade. Mas o curso histórico da pergunta sobre a transcendência não pode por si mesmo responder à pergunta. É bem humano sentir-se feliz quando se pensa estar cavalgando na crista do futuro. A maioria das vezes, entretanto, esta satisfação abre caminho a um lento e sóbrio reconhecimento de que o que parecia uma forte onda da história não passava de um redemoinho lateral na corrente dos acontecimentos. Ao teólogo e ao cientista social também sugeriria portanto uma moratória na ansiosa pergunta por saber quem exatamente detém a Modernidade sob controle. A teologia deve começar e terminar com a questão da verdade. Minha preocupação aqui tem sido com alguns métodos possíveis de ir ao encalço desta questão em nossos dias.

EDITORA VOZES

Editorial

CULTURAL
Administração
Antropologia
Biografias
Comunicação
Dinâmicas e Jogos
Ecologia e Meio Ambiente
Educação e Pedagogia
Filosofia
História
Letras e Literatura
Obras de referência
Política
Psicologia
Saúde e Nutrição
Serviço Social e Trabalho
Sociologia

CATEQUÉTICO PASTORAL
Catequese
  Geral
  Crisma
  Primeira Eucaristia

Pastoral
  Geral
  Sacramental
  Familiar
  Social
  Ensino Religioso Escolar

TEOLÓGICO ESPIRITUAL
Biografias
Devocionários
Espiritualidade e Mística
Espiritualidade Mariana
Franciscanismo
Autoconhecimento
Liturgia
Obras de referência
Sagrada Escritura e Livros Apócrifos

Teologia
  Bíblica
  Histórica
  Prática
  Sistemática

REVISTAS
Concilium
Estudos Bíblicos
Grande Sinal
REB (Revista Eclesiástica Brasileira)
SEDOC (Serviço de Documentação)

VOZES NOBILIS
Uma linha editorial especial, com importantes autores, alto valor agregado e qualidade superior.

PRODUTOS SAZONAIS
Folhinha do Sagrado Coração de Jesus
Calendário de mesa do Sagrado Coração de Jesus
Agenda do Sagrado Coração de Jesus
Almanaque Santo Antônio
Agendinha
Diário Vozes
Meditações para o dia a dia
Encontro diário com Deus
Guia Litúrgico

VOZES DE BOLSO
Obras clássicas de Ciências Humanas em formato de bolso.

CADASTRE-SE
www.vozes.com.br

EDITORA VOZES LTDA.
Rua Frei Luís, 100 – Centro – Cep 25689-900 – Petrópolis, RJ
Tel.: (24) 2233-9000 – Fax: (24) 2231-4676 – E-mail: vendas@vozes.com.br

UNIDADES NO BRASIL: Belo Horizonte, MG – Brasília, DF – Campinas, SP – Cuiabá, MT
Curitiba, PR – Fortaleza, CE – Goiânia, GO – Juiz de Fora, MG
Manaus, AM – Petrópolis, RJ – Porto Alegre, RS – Recife, PE – Rio de Janeiro, RJ
Salvador, BA – São Paulo, SP